# JOCKEY ジョッキー×ジョッキー JOCKEY

## トップ騎手11人と本気で語る競馬の話

藤岡佑介

イースト・プレス

# はじめに

はじめまして。ＪＲＡジョッキーの藤岡佑介です。

この度は、本書を手に取っていただきありがとうございます。本書は僕がホストとなり、現役のトップジョッキーたちが日頃どんな思いで競馬に臨んでいるのか、また一人ひとりの競馬観、馬との向き合い方など、普段はうかがい知ることができない競馬にまつわる話を、対談形式で深掘りしていくものです。

ジョッキー同士だからこそできる深い話や、レース内の駆け引きといったちょっとした裏話まで、知れば知るほど競馬がおもしろくなること間違いなしの内容が詰まっています。

ここにまとめられた数々の対談は、netkeiba.comで連載中の「競馬×対談　ｗｉｔｈ佑」で公開されたものですが、今回の書籍化にあたり、なんと日本競馬界のレジェンド・武豊騎手との特別対談が実現しました。この対談こそ、本書でしか読めない〝ここだけの話〟。レジェンドがレジェンドたる所以を、思う存分味わっていただけたらと思います。

競馬というのは本当に特殊な競技で、大きなレースともなると10万人を超えるファンにライブで観戦してもらえる一大スポーツです。一方で、サッカーや野球と違い、観戦してい

提供：netkeiba.com

**藤岡佑介**

1986年3月17日生まれ、滋賀県出身。父・健一はJRAの調教師、弟・康太もJRAジョッキーという競馬一家。2004年にデビュー。同期は川田将雅、吉田隼人、津村明秀騎手ら。同年に35勝を挙げJRA賞最多勝利新人騎手を獲得。2005年、アズマサンダースで京都牝馬ステークスを勝利し重賞初制覇。2013年の長期フランス遠征で、海外初勝利をマーク。2018年には、ケイアイノーテックでNHKマイルカップを勝利。GⅠ初制覇を飾った。JRA通算勝利数（2020年10月5日現在）：848勝（重賞36勝）

るファンのなかに〝プレーヤー〟を経験した人がほとんどいないのが現実で、どうしても〝プレーヤーとしての目線〟が伝わりづらいスポーツでもあります。

しかし、じつはそこにこそ「ファンの方々に競馬をより楽しんでいただくチャンスがあるのではないか」と、僕は考えました。

僕たちがプレーヤーとしての目線を発信していくことで、皆さんにより深く競馬の魅力を知ってもらい、命を賭してゴールを目指す人馬に、より一層大きな声援を送っていただけたら——。そんな思いを込めて形にしたのがこの一冊です。

僕の願いはただひとつ。本書をとおして、どうかひとりでも多くの方が競馬を愛してくださいますように。

# Contents

撮影：桂伸也

2020.9

# #01 武豊 with 佑

## 常に進化し続ける 競馬界のレジェンド

### Yutaka Take

1969年3月15日生まれ、京都府出身。父は騎手の武邦彦。87年に武田作十郎厩舎所属でデビュー。その年に69勝を挙げ、新人最多勝利数を更新し、ＪＲＡ賞最多勝利新人騎手を受賞。88年に菊花賞でスーパークリークに騎乗しＧＩ初制覇し、デビュー２年目にして関西リーディングに。翌89年には全国リーディングを獲得し、以来日本を代表する騎手として、前人未踏のＪＲＡ4000勝など数々の記録を打ち立てている。

JRA通算勝利数（2020年10月5日現在）：4214勝（重賞341勝）

## 衝撃を受けた第1回ジャパンC《カップ》、海外への憧れはそこから始まった

**佑介**　豊さん、今日はお忙しいなか、お時間をいただきましてありがとうございます。昔から豊さんのインタビュー記事はたくさん拝見してきましたが、後輩ジョッキーとの対談はあまり見たことがないような……。

**武**　クリストフ（・ルメール）やミルコ（・デムーロ）とは対談したことがあるけれど、テレビ以外で日本人の後輩ジョッキーとふたりでというのは記憶にないかもしれない。

**佑介**　やっぱりそうですよね。今日はいろいろとお聞きしたいことがあるのですが、まずは今回、なぜオファーを受けてくださったのかをうかがいたくて。

**武**　このコラムの存在は知っていたし、実際に何度か読んだこともあって、さすがジョッキー同士の対談だけに深い話をしているなと思っていた。だから、もし（出演依頼の）話があればという気持ちはあった。

**佑介**　ホントですか!?　めっちゃうれしいです！　僕、来年の3月で、ちょうど僕がデビューしたときの豊さんの年齢になるんです。

**武**　いま34歳だっけ？　ということは、佑介がデビューしたのは、僕が年間200勝以上し

ていた頃か。

**佑介**　はい。長期で海外に行ったりして、ますます凄みを増していた頃です。なにしろ豊さんが午前中に1勝もしていないだけで、ジョッキーたちのあいだで「今日、豊さん勝ってないね」と話題になるくらいでしたから。逆に言うと、そこに至るまでの豊さんを僕はほとんど知らないので、僕がデビューする前の〝武豊〟にすごく興味があります。

**武**　そういえば、佑介が小学生の頃に会ってるよな。伊藤雄二厩舎に馬を見に来ていたでしょ？　僕も伊藤雄二厩舎にはしょっちゅう行っていたから、なんとなく当時の佑介の記憶がある。

**佑介**　覚えていてくださったんですね。当時はエアグルーヴが大好きで、何度か父（藤岡健一調教師・1994年から2000年まで、調教助手として伊藤雄二厩舎に所属）に連れていってもらいました。

**武**　佑介がデビューした頃のこともはっきりと覚えているよ。僕はめったに競馬学校で講義をしたりしないんだけど、めずらしく引き受けた年があって、そのときの生徒が佑介たちだった。デビューしてからも、20期生は元気な子が多くてね。目立つ期だなぁと思っていたから、すごく印象に残っている。

**――さらにさかのぼりますが、武さんもほかの子と同様、小学5年生から乗馬を始められたのですか？**

**武**　そうです。スポーツ少年団は、5年生にならないと入れないので。池江泰寿少年（現調教師）と一緒に通っていましたよ（笑）。

**――池江先生とは同級生ですものね。武さんの競馬学校時代の成績にも興味があります。「実はそれほど優秀ではなかった」など、意外すぎるエピソードがあったりして（笑）。**

**武**　残念ながら優秀でした（笑）。卒業時は9人でしたが、入学当初は12人でスタートして、学科はだいたい3位か4位で中の上といったところでしたけど。実技は中間テストと期末テストがあって、3年間のうち一度だけ2位になってしまったことがありますが、あとは全部1位でしたね。

**佑介**　唯一2位だったときは、誰に負けたんですか？

**武**　寺島祐治（2000年に引退）。もともと学科では寺島が抜けていたんだけれど、実技でも一度だけ負けたんだよなぁ。

**佑介**　豊さんは、競馬学校生の頃から海外の競馬に興味があったそうですね。いまと違って情報が少ないなかで、実際に海外に乗りに行かれたのも早かった。当時、海外の競馬に興味を持ったのは、なにがきっかけだったのですか？

**武**　ジャパンCの影響が一番大きいかな。中学1年生のときに第1回ジャパンC（1981年　1着メアジードーツ）が行われて、それを見て衝撃を受けた。

**佑介**　衝撃を受けたのはレースですか？　それともジョッキー？

**武**　ジョッキーだね。第1回はアメリカのキャッシュ・アスムッセンが勝ったんだけど、純粋に「かっこいい！」と思った。デビューしてからで言うと、セーラムドライブで富士S《ステークス》（1988年）を勝ったクリス・アントレーにも憧れた。僕は子どもの頃から本当に競馬オタクで、海外の競馬に興味を持ってからは、唯一の情報源だった『優駿』の海外ニュースのページを貪るように読んでいたよ。その後、競馬学校時代に岡部さんとシンボリルドルフがアメリカのレースに挑戦するのを見て、より一層、海外への憧れが強くなったような気がする。

**佑介**　ルドルフが好きだったとおっしゃっていましたね。

**武**　大好きだった。ルドルフの三冠は、競馬学校生として全部現地に見学に行って、中山競馬場で行われた引退式も見に行った。引退式では、岡部さんがアメリカのレースで着ていた蝶ネクタイのついた服を着ていてね。それがまたかっこよくて、「俺も騎手になったら絶対に海外に行きたい！」とあらためて思ったよ。

**佑介**　その夢を叶えたのが、デビュー3年目。時代を考えると、すごいことですよね。

**武**　行き方もわからないし、「ビザってなに？」みたいな感じだったけれど（笑）、アメリカでも馬を所有されていたイナリワンの馬主さんに「アメリカの競馬に興味があります」という話をしたら、「乗るか？」ということになって。それが僕にとって最初の海外だった。現役のサンデーサイレンスを見たり、のちにケンタッキーダービーを勝つアンブライドルドの調教に乗ったり。あらゆることが衝撃的だった。

**佑介**　以来、毎年のように海外に乗りに行かれているわけですが、僕の場合、どこかのタイミングで海外に行きたいと思いつつ、長期で海外に行くと、自分がいま乗っている馬に乗れなくなるとか、帰国後は乗り馬がいなくなるかもしれないとか、そういう不安がずっとありました。でも、あるとき豊さんがなにかのインタビューで、「そういうことを気にしていたら、いつまで経っても海外には行けない。そんなことは気にするようなことではない」とお話をされているのを読んで、「よし！　行ってみよう」と思えたんです。

**武**　僕もね、海外に行くことで乗るはずだった馬に乗れなくなるのは、多少もったいないなという気持ちを持ったことはある。でも、「乗りに行きたい！」という気持ちのほうが断然強かった。だからあまり気にせずにいられたのかな。

## 「厳しい環境で頑張っている自分」が意外と嫌いじゃない（笑）

――初海外の３年目といえば、初めて全国リーディングジョッキーを獲得した年でもあります。もし、日本で好成績を挙げられていなかったとしても、アメリカに行きましたか？

**武**　行ったと思います。それくらい興味がありましたから。

**佑介**　海外にいるときの豊さんはテンションが高いですよね。日本にいるときより精神年齢が下がっているというか（笑）、ワクワクしているのが表情に出ているのを感じます。

**武**　そうね、テンションがちょっと高くなる（笑）。やっぱり楽しいんだよ。スーツを着て競馬場に行ったりすると、「そうそう！　この感じ！」とか思うもん。日本ではなかなか味わえない感覚だからね。

**佑介**　10代の頃から持ち続けている海外競馬への欲求が、ジョッキーとしてのモチベーションになっているところはありますか？

**武**　あるね、それはいまでも。もちろん日本の競馬は大好きだし、勉強することもまだまだたくさんあるけれど、なんだろうな……やっぱり一番は憧れなのかな。あとは「厳しい環境で頑張っている自分」が意外と嫌いじゃない（笑）。今はいろいろと情報があって、海外の映像も好きなだけ見ることができるけれど、やっぱり実際に生で見るのとは違うんだよな。その場にいることで得られる経験値は、想像以上に大きいからね。佑介がフランスから帰ってきたときも、すぐに変化に気づいたよ。ずいぶん長い期間、頑張ってきたもんね。

**佑介**　はい。1年弱くらい行っていました。

**武**　乗り方というよりも、レースに向けての気持ちが変わったのかなと思った。大事に乗りつつ攻める、みたいなね。ある程度の数を乗る一方で、本命馬に乗る機会はそれほど多くないとなると、なんとなく乗ってしまうケースがあるじゃない。でも、佑介は違った。そこが変わったなと思ったよ。

**佑介** ありがとうございます。豊さんにそんなふうに言っていただけてうれしいです。豊さんは長期で海外に行かれたとき、明確に変わったなと自覚した部分はありましたか？

**武** 明確になにかが変わったというより、考える要素が増えたかな。たとえば、アメリカに行ったことで、ダートの蹄跡が気になるようになったり。

**佑介** 前の馬が走った跡、ということですね。

**武** そう。日本のダートでは気にしたことがなかったけれど、アメリカの特殊なダートを経験したことで、そういう視点がひとつ増えた。あと、ヨーロッパで乗ったことで、風の抵抗を気にするようになった。ヨーロッパでは、調教師が執拗に「馬の後ろに入れろ」と指示してくるでしょ？

**佑介** ですね（笑）。

**武** 正直、風の影響ってそんなに大きいのかなと思うけど、あれだけ歴史のある国の調教師が気にしているということは、やっぱり影響があるんだろうなと。だったら、芝のレースで馬場がきれいなときは、風の抵抗を考えて乗ろうと思うようになった。

**佑介**　どちらも現地で実際に乗ったからこそ増えた視点ですよね。

**武**　うん。日本の競馬しか知らなかったら、考えもしなかったと思う。そういう意味で、「変わった」というより「増えた」。それが実感としてわかる変化かな。

## 大事なのは、10回に1回勝つための「負け」をどう生かすか

**佑介**　海外で乗ることが豊さんのモチベーションのひとつだとして、キャリアを重ねられてきたなかで、ジョッキーとしての根本的なモチベーションに変化はありませんか？

**武**　細かいアップダウンは当然あるけれど、気持ちが途切れたことは一度もないと思う。

**佑介**　やっぱりそうなんですね。今回対談させていただくにあたって、そこもお聞きしてみたかったことのひとつなんです。というのも、ずっと一緒に競馬に乗ってきて、豊さんからはあまり気持ちの波を感じないから。本当に波がないのか、それともないように見せているのか、すごく気になっていました。

**武**　波か……ないんじゃないかな。少なくとも、自分でコントロールしている意識はまったくない。週末に集中するぶん、平日は抜いているからね（笑）。それは見ていて感じるでしょ？

**佑介**　はい（笑）。コントロールしている意識がないということは、本当に自然体なんですね。

僕なんて、2、3週勝てないだけで焦りが出てきてしまうのに。

**武**　勝てない週が続けば「ああ、最近勝ってないなぁ」とは思うし、ちょっと体重の掛け方が間違っているのかなとか乗り方を見直してみたりはするけれど、ドーンと落ち込んだり、焦ったりはしない。下手に乗ってしまったときは、その都度へこむけどね。

**佑介**　そういえばこの夏、レース後にめずらしく「下手に乗ったわ……」とおっしゃっていたレースがあって、豊さんでもこういうことがあるんやなぁと思いながら聞いていました。でも、難しい競馬になった次のレースであっさりと勝って、「切り替え早っ！」と思って（笑）。同じ失敗を繰り返さない凄みのようなものを感じましたね。

**武**　たとえクリストフでも（ジョアン・）モレイラでも、圧倒的に負けることが多いのが競馬。佑介もわかっていると思うけれど、なかなか勝てないものなんだよ、競馬って。だから、10回に1回勝つために、負ける。そういう負けは絶対にあるから。その負けをどう生かすかというのは、ものすごく考えて乗っている。5、6着でゴールしたとしても、この馬が勝つとしたら、どういう距離で、どういう条件で、どういうパターンになったら勝つのかを考える。どう考えても勝つパターンが浮かんでこない馬もいるけれど、チラッとでもイメージが湧いてきたら、次に向かっていけるでしょ？　だから、たとえ負けても考えることが大事だと僕は思う。

**佑介**　そういえば、自分のなかで「次はこう乗ろう」と考えて、実際に次のレースでうまく乗れて勝つことができたとき、豊さんに「勝つならあの競馬しかないよな」と言われたことがあります。それって、自分の騎乗馬以外の馬についても「勝つパターン」がイメージできているということですよね。普段からよく勉強しているとか、そういう次元ではなく、純粋に競馬が好きだからこその視点でレースを見てらっしゃるんだなと感じました。

**武**　佑介の言うとおり、純粋に競馬が好きだね。レースを見るのが好きだから、必然的にジョッキーのこともよく見てるよ。若手にしても、この子は競馬が好きなんだなぁと思う子もいれば、逆におやおやと思う子もいて、そういう子はもったいないなと思う。なぜなら、競馬が好き、レースが好きというのは、それだけで伸びる要素だと思うから。あるときを境にバーッと勝ち出したりする子がいるけれど、やっぱりなと思う子がほとんどだね。

## 落馬をきっかけに、それまで使えていた魔法が使えなくなった

――30年以上続けてこられて、競馬が嫌いになるような経験はありましたか？

**武**　競馬が嫌いになったことは一度もないです。ただ、しんどい時期はありました。２０１１年、２０１２年あたりかな。

**佑介**　2010年の毎日杯で落馬があって……。※

**武**　そう。全然勝てなくなったからね。あのときはさすがに「あれ？」と思ったよ。もちろん自分に問題があった。やっぱりバランスがよくなかったんだろうね。いまになってみれば、そう思う。なんていうのかな、〝手応えはあるのに伸びない〟みたいな不思議な感覚だった。あの頃はしんどかったなぁ。

**佑介**　当時、バランスや乗り方が変わったとはまったく思いませんでしたが、接戦で負けることが増えたなとはずっと思っていました。計《はか》ったように差し切る〝これぞ武豊〟という競馬が少なくなったなって。

**武**　そうなんだよね。それまで使えていた魔法が急に使えなくなったような感じで（苦笑）。それこそ得意技のように〝道中はジッとタメて直線でビュン！〟みたいな競馬をしていたけれど、当時は〝タメてタメて……あれ？　効かない⁉〟っていう感じが多かった。

**佑介**　やはりケガの影響ですか？

**武**　それもあったと思う。そこからバランスが崩れていったんだろうね。あとはやっぱり、結果がすべての世界だから、いくら僕でも結果が出なければ有力馬への騎乗は減っていくし、人は離れていく。

**――武さんほどのジョッキーが、自分の周りから人が減っていく経験をされたんですね。**

※2010年3月27日の毎日杯でザタイキに騎乗した武騎手は、ザタイキが故障発生で転倒し落馬。左鎖骨骨折などの重傷を負った。

**武**　もちろんです。デビューから順調に勝ってきたので、そういうことは一度も経験したことがありませんでした。だから、「うわ……」と思いましたよ。そのときはさすがにしんどかったです。あとは、この世界は勝てる人を乗せる。それは仕方がないことだと気づきました。

**佑介**　その状況をどう乗り越えたんですか？

**武**　乗り越えるもなにも、結果を出すしかないからね。簡単に離れていく人は、結果を出せば簡単に戻ってくるだろうなとも思ったし（笑）。

**佑介**　それは間違いない（笑）。

**武**　そういうときに一番ダメなのは、投げやりになったり腐ったり、人のせいにしたりすること。それがわかっていたから、それだけは意識して気をつけていた。しんどいなと思いながらも、それまでどおりやるべきことをやりつつ、新しいトレーニングを取り入れてみたり。そうしたら、少しずつだけど、手応えより伸びてくれたりとか、思った以上に踏ん張ってくれたりだとか、そう感じられるケースが増えてきた実感があった。

**佑介**　大きいケガをされる前と後で、トレーニングは変わりましたか？

**武**　変わった。というより、トレーニング自体、もともとそんなにしていなかったし。軽くジョギングをしたり、ストレッチをするくらいで、自分のフィジカル面に真剣に向き合ったことがなかった。

**——それは意外でした。てっきり武さんならではのスペシャルメニューをこなしているのかと思っていました。**

**武**　いえいえ、なにもしていなかったと言ってもいいくらいです。いま思えば、それであれだけ勝っていたんだから、天才だったのかもしれない（笑）。

**佑介**　アハハハ！　でも、そう考えると、もしあのケガがなかったとしたら、いまここまでいい状態を保っていないかもしれませんね。

**武**　本当にそう思う。それまでトレーナーについてもらったことも一度もなかったからね。

**——ということは、武さんの柔らかさは天性のものなんですね。**

**武**　若い頃から、決して体は柔らかくないんですよ。股関節などは、どちらかといえば硬いくらい。それでもディープインパクトに乗っている頃とか、めちゃくちゃ短い鐙で乗れていたんだよなぁ。

**佑介**　そうですね。

**武**　いま思うと、あり得ないくらい鐙が短かった。そりゃあノーリーズンも落ちるわって（笑）。

**佑介**　懐かしい（笑）。もちろんケガはしないに越したことはないですが、自分の体を見直したり、真剣に向き合ったり、ひとつのきっかけにはなりますよね。僕もトレーニングはあまり好きではなかったのですが、いまは大事なことだと思っています。

武騎手が14戦すべてに騎乗した（ＧＩ7勝）ディープインパクトの引退レースとなった2006年有馬記念（撮影：下野雄規）

**武**　そうだね。僕の場合は年齢もあるし。今年の3月で51歳になったわけで、それはふつうに受け入れていかなくちゃいけないこと。そのうえで、いまの自分に合った乗り方を探す。たとえば、ディープの頃と同じ鐙の長さで乗れと言われても、いまは乗れないからね。それは30代のときも40代のときも同じで、常に「いまの自分にはどういう乗り方が一番しっくりくるんだろう」と模索し続けてきた。ひとつのことをちょっと続けてみて、それで答えが出ないときは、じゃあもうちょっと前に乗ってみよう、逆にもうちょっと後ろに乗ってみようとかね。「そこじゃない！」と思っていても、相手（馬）はなにも言ってくれないから（笑）。

## 一緒に乗っていて「えっ?」と思った安藤勝己の不思議な技

**佑介**　区切りの勝利のインタビューなどで、豊さんはいつも「まだまだうまくなりたい。進化したい」とおっしゃっていますよね。それをただの常套句だと思って聞いている人もいるかと思いますが、豊さんは本当にそう思っていて、しかも実際に進化している。たとえば5年前と3年前、3年前と去年など、あらためて豊さんの騎乗スタイルを見比べてみると、すごく変わっていることに気づきます。

**武**　僕だって試行錯誤の連続だよ。これがいいのかな、あれがいいのかなといろいろ試して、その結果がいまだから。もちろん、この先もまだまだ変わっていくだろうしね。まぁ染みついているスタイルがあるから、ガラッと変わることはないだろうけれど。

**佑介**　豊さんの乗り方がガラッと変わったら、競馬界に激震が走りますよ(笑)。

**武**　だろうね(笑)。一時期、お尻をつけて追う〝トントン騎乗〟が流行ったじゃない。当時、(岩田)康誠を見ながら真似してみたこともあるんだけど、まったくできなかった(苦笑)。

**佑介**　挑戦してみたんですね!

**武**　うん。正解はないし、だからこそおもしろいわけで。まぁ康誠は康誠で、僕の真似をしようと思ってもできないと思うよ。そこはお互いに染みついているものがあるから。

**――正解がないなかにあって、武さんが思う〝天才〟とは誰ですか？**

**武**　アンカツ（安藤勝己元騎手）さんかなぁ。あの人は天才肌だと思う。決して戦術で勝つタイプではなかったし、それこそふつうに大外を回ってビューンみたいな。一緒に乗っていて、「えっ?:」と思ったことが何度もあった。佑介は感じなかった？

**佑介**　確かにそういう印象はありますね。

**武**　そうでしょ？　そういうときの馬の伸び方を見て、よっぽど走りやすいんだろうなぁと思っていた。アンカツさんには、そういう不思議なところがあったね。

**佑介**　ご本人に直接聞いてみたことはないんですか？

**武**　聞いたら「なにもやってない」って。謙遜してるとか隠してるとかではなく、あの人の場合、本当になにもやってないから（笑）。競馬の前日もお酒を飲んで、朝もゆっくり起きてさ。別にこれといった運動をするわけでもなし、馬場を歩くわけでもなし。それであっさり勝つんだから、やっぱり天才だったんだよ。あと、天才といえばフランキー（・デットーリ）でしょう。彼の場合、いまだに僕らとはちょっと違う感覚を持っているような気がしてる。これだけ乗ってきても、そう思えるジョッキーがいるのは幸せなこと。すごく刺激になっているし、一緒に乗るのが本当に楽しみ。その楽しみのためにも海外に行かないとね。行かないと一緒に乗れないから。

**佑介**　そうですよね。僕もまた絶対に行きたいと思っています。その前に、いまの僕が見据えているのは、とにかくGⅠ。それがすべてといってもいいくらいです。GⅠに騎乗するにあたって、一貫して心がけていることはありますか?

**武**　これといってないけど……落ち着いて乗ることを心がけるくらいかな。GⅠとなると、ジョッキーもテンションが上がって、どうしても力が入る。特に初めてGⅠに乗るような若い子は前のめりになるだろうから、そういう子がいれば気にするし。

**佑介**　落ち着いていつもどおり、平常心で乗る……それが一番難しいんですよね。それを目標にみんな頑張っているし、僕も当然、意識はしていますが、なかなかうまくいきません。豊さんでも、緊張のあまり、本来のパフォーマンスが発揮できなかった経験はありますか?

**武**　若い頃は当然あったと思うよ。思っていたのと全然違う展開になったりね。実際、スーパークリークの有馬記念(1988年)とか、メジロマックイーンの天皇賞・秋(1991年)とか、GⅠで失格になったこともあったし。ふつうのレースで制裁を受けることはそれほど多くはなかったけれど、なぜか大きいレースでやらかして。やっぱり冷静ではなかったんだろうね。

**佑介**　そういうのを聞くと、ちょっと安心します(笑)。

**武**　初めてＧⅠを勝ったのが19歳だからね（1988年・菊花賞・スーパークリーク）。そのときなんて、「あ、勝っちゃった」みたいな感じだった。

**佑介**　19歳でＧⅠ、20歳で全国リーディングか……。豊さんがすごい人なのは知っていましたけど（笑）、あらためて口に出してみると、さらにそのすごさを実感します。

**――果たしてこの先、武さんを超えるようなスーパージョッキーが現れるのか……。**

**武**　出てきてほしいですね。いや、出てくると思いますよ。歴史というのは、そうやってつくられていくものだと思いますから。

**佑介**　豊さん、今日は本当にありがとうございました。最後に、これからジョッキーを目指す子も含め、僕たち後輩に「これだけは伝えたい」ということがあれば教えてください。

**武**　騎手という職業がプロフェッショナルであることを自覚して、誇りを持ってやっていってほしい。これだけははっきりとみんなに伝えたいし、まずは自分が率先して見せていかなければといつも思っている。競馬関係者はたくさんいるけれど、馬と一緒に戦えるのはジョッキーだけだし、勝てば拍手で迎えられるのもジョッキーの特権。そういう特別な職業であることに誇りを持って、これからも一緒に競馬界を盛り上げていけたらと思っています。

対談を振り返って

## 同じ時代にジョッキーでいられることに心から感謝

「with佑」を読んでくださっていたこと、しかも「オファーがあれば……」という気持ちでいてくださったこと。本当に驚きましたし、それ以上にうれしかったです。たくさんの貴重なエピソードからは、「競馬が好き」「ジョッキーという仕事が好き」という思いがものすごく伝わってきて、豊さんが豊さんたる所以を随所で感じ取ることができました。40代の頃、「60歳でダービーを勝ちたい」と冗談半分でおっしゃっていたのですが、豊さんなら本当にやってのけてしまいそう……対談が終わる頃には、すっかりそんな気持ちになっていました。今回いろいろなお話をしてくださったこと、そして同じ時代にジョッキーでいられることに心から感謝したいです。

提供：netkeiba.com

2016.4

# #02 川田将雅 with 佑

## 扉を閉じたのが将雅なら、開くのも将雅

Yuga Kawada

1985年10月15日生まれ、佐賀県出身。曾祖父の代から代々競馬関係者が続く競馬一家。04年に安田隆行厩舎所属でデビュー（現在フリー）。08年の皐月賞をキャプテントゥーレで制覇しＧＩ初勝利。14年の桜花賞ではハープスターに騎乗し優勝。同年10月５日、ハープスターで凱旋門賞に初騎乗する。16年日本ダービーでマカヒキに騎乗し優勝。ダービー初制覇と共に史上８人目の3歳牡牝クラシック競走完全制覇を成し遂げる。

ＪＲＡ通算勝利数（2020年10月5日現在）：1516勝（重賞88勝）

## 〝プレッシャーに押しつぶされそう〟ってこういうことか

**佑介** 将雅との対談は5年半ぶり。その間、お互いにいろいろとあったけれど、じっくりと話す機会はあまりなかったから、今日は〝川田将雅のいま〟について、根掘り葉掘り聞いていきたいと思います！

**川田** 本当に怖いんですけど……（苦笑）。お手柔らかにお願いします。

**佑介** 嫌です（笑）。さっそくだけど、俺から見た将雅は、良くも悪くも波がないタイプ。でも去年（2015年）、一時期勝てない時期があったでしょ？　将雅でもこういう時期があるんだなと思った。

**川田** ああ、（ハープスターに騎乗した京都記念での）騎乗停止の2週を含め、5週間勝てなかった時期があったね。

**佑介** 将雅が崩れたところを見たのは、あのときが初めてだったかもしれない。そのときに、騎乗停止の原因になった馬がハープスターじゃなかったら、こんなに崩れなかったんじゃないかと思った。やっぱりハープスターという馬は、将雅のリズムを崩すほど大きな存在だったのかなって。

**川田**　特別な存在だったのは確かだけれど、自分としてはいつもどおりのつもりだった。いま思えば、無意識に守りに入ってしまったのかもしれない。

**佑介**　GⅠで〝勝って当然〟と思われるようなパートナーは、将雅にとっても初めてだったもんな。それにしても、ハープスターと過ごした1年半は、激動の日々やったなぁ。あの時期の将雅は、さすがの俺でも声をかけづらかった。なんせ凱旋門賞という舞台で、世界で一番強いであろうという評価を受けた馬（現地オッズで一時1番人気に。レーシング・ポストの最終オッズは4番人気）。その評価は、ジョッキーを含めてのものだと思うし。

**川田**　佑介、それは違うよ。それ以前の数年間で、日本馬が活躍したという布石があってのこと。自分も込みの1番人気だったとは、俺はまったく思っていない。

**佑介**　いや、フランスに行って思ったけれど、ナメられるようなジョッキーだったら、1番人気にはならないと思う。凱旋門賞に1番人気で挑むなんて、キャリアのなかでどんなに望んでもそうそうないこと。実際、どういう心境やった？

**川田**　普段はまったく緊張しない俺でも、ハープに関しては、まず桜花賞のポケットでそれまで経験したことがない緊張感を味わった。でも、凱旋門賞はその桜花賞より遥かに緊張したし、〝プレッシャーに押しつぶされそう〟ってこういうことなんやと思ったくらい。

**佑介**　俺も前の年（2013年）に現地で凱旋門賞の雰囲気を味わっているから想像がつく

けれど、そりゃそうだろうなと思うよ。

**川田**　ひとりで悶々としているのが耐えられなくて、この緊張を言葉に出せば、ノリさん（横山典弘騎手・ゴールドシップ14着）と（福永）祐一さん（ジャスタウェイ8着）がなんとかしてくれるだろうという思いで、「すごく緊張してます……」って言ったの。そうしたらノリさんが、「当然だよ、凱旋門賞だもん」と。そのノリさんの言葉でちょっと落ち着いたんだよね。

**佑介**　レースまでは引きずらなかった？

**川田**　うん。パドックに向かって歩きだす頃には、緊張がワクワクに変わった。凱旋門賞に向かうロンシャンの階段を上がって下りながら、「凱旋門賞、しかも1番人気！」と思ったら、ものすごく気持ちがよかった。

**佑介**　その経験は、この先に絶対に生きてくるよな。いまの将雅を見ていると、いい糧になってるんだろうと思う。

**川田**　凱旋門賞も、レースでは緊張しなかったからね。あの状況で緊張しなかったということは、この先、日本のGⅠで緊張することはないだろうなと思った。緊張するとしたら、自分の仕事をより深く知っていくなかで、責任感から湧いてくる緊張だけだろうな。

**佑介**　世界の大きな舞台を何度も経験している外国人ジョッキーは、たとえば日本のGⅠにポッと乗りに来たとしても、緊張どころか開き直れる強みがあるような気がする。だから、ああいう大きな舞台を踏むことは、キャリアにとってすごく必要なことだなと思った。

**川田**　多くのスポーツ選手が、プレッシャーに負けないため、緊張に打ち勝つために、〝いつもどおり〟を求めてメンタルトレーナーをつけたりするでしょ？　でも、俺は必要だと思ったことがないんだよね。

**佑介**　ハープスターをとおして、このうえないメンタルトレーニングをしたわけだもんな。

**川田**　ハープの本気を引き出すことができなかったという事実は、自分のなかに残るけれど。

**佑介**　プロセスはともかく、同時に〝川田将雅という日本人ジョッキーが人気で負けた〟という事実も残る。自分のことを棚に上げて勝手なことを言わせてもらえば、あそこで将雅が負けたことによって、日本人ジョッキーが日本の馬でヨーロッパの大きなレースを勝つということについて、少し扉が閉じてしまったように思う。

**川田**　うん……。申し訳なかったと思ってる。

**佑介**　だから、その扉を開けるためには、もう一度、扉を閉めた本人がチャレンジするしかないと思うんだよ。すごく勝手な意見だけれど、俺は扉を開くのは将雅なんじゃないかと思っているから。

**川田**　つまり、「お前が閉めた扉やねんから、お前が開けろ！」っていうことやね。相変わ

2014年凱旋門賞 川田騎乗のハープスターは6着、日本馬3頭の中では最先着（撮影：高橋正和）

らず、佑介の言葉はズッシリくるなぁ。考えさせられるし、めっちゃ響いたわ。

## レース後のコメントにみる川田将雅の〝自分ルール〟

**佑介**　将雅のレース後のコメントで、ひとつ気になっていることがあるんだよ。「今日は馬がよく動いていた」とか、「動く」「動かない」という言葉を使うよね？

**川田**　そうかな？　言ってる？

**佑介**　よく使ってるよ。ハープスターにしても、「一度も本気で動いていない」という言い方をよくしてたやん。印象的なのは、ハープに限らず、勝ったのに「今日は動いていない」とか「まだ動いていない」

とか。俺はジョッキーだから感覚的にはわかるけれど、果たしてファンに伝わっているのかなと思って。どういう意図で使ってるの？

**川田**　「動いていない」ということは、結果を問わず、その馬本来の能力を出し切れた感覚がないということやね。本来ならば、もう一段階スピードが乗るはずなのに、今日は乗らなかった。結果、「動いていない」という表現になる。

**佑介**　わかるんやけど、俺は「動く、動かない」という言葉を使おうとは思わない。なぜなら、「自分が動かせていないのか」「馬が動かなかったのか」となると……。非常に使いづらい表現で。

**川田**　あぁ、そういうことか。

**佑介**　それをふつうに「動いていない」と言えるのは、馬が動ける状態にあれば、動かし切ることができるという自負があるからちゃう？

**川田**　言われてみればそうだわ。「自分が動かせていない」という発想がなかった。

**佑介**　そうだろうと思ったよ。だから、将雅の「動いていない」という表現は、逆にその馬には伸びしろがあるということなんだね。

**川田**　そうそう。「もっといい内容で走れるのにな、もっと終い伸びるはずなのにな」ということ。ただ、休み明けだったり、気持ちが乗っていなかったり、その他いろいろな要素で「今日はまだそういう状態ではなかったんですよ」ということを伝えているつもりなんやけど。自分が動かせているか、動かせていないのかは、考えたことがなかったね。

**佑介**　自分の腕に自負がなければ、あんなにハッキリと「動いている」「動いていない」というコメントは出せない。実際、将雅以外、あんまり聞いたことがないもん。自分には絶対に出せないコメントだから、注目していたんだよね。きちんと真意を読み取れないと、間違った伝わり方をしてしまうこともあるかなと思って、今日聞いてみた。

**川田**　そうか。たとえば、俺は追い切り以外、調教にはほとんど携わっていないので、「体が重かった」とか「仕上がっていなかった」というコメントは出したくないし、そもそも出す立場にないと思っている。ただ、「馬が動いたか、動いていないか」というのは、自分の実感としてあるわけで。あと、性格的なことや成長過程で感じたことについては、コメントを出していい立場だと思っている。

**佑介**　なるほど。将雅は〝自分ルール〟が多いよな。

**川田**　うん。コメントに限らず、自分ルールだらけ（笑）。

**佑介**　最近はだいぶ減ったけれど、これまで将雅はコメントで損をしているなと思うことが多々あった。めっちゃ言葉を選んで、ここまでしかコメントしません、みたいなね。だから、「もう少し言葉を足して説明してもいいんちゃう？」と思うところもある。そのスタイルは曲げるつもりはないの？

**川田**　たとえば言葉を足して、レース後のコメント欄で5行分コメントを出したとする。でも、紙幅の都合で3行分に縮めなければならない。結果、かい摘まんで書かれると、俺の言いたかったことと変わってくるわけよ。それが嫌やねん。

**佑介**　そこまで考えてたか（笑）。

**川田**　なぜかというと、俺がバーッと喋って記者の方が縮めたコメントで、「お前、こんなこと言ったんか」と、若い頃に何度も怒られたから。実際、伝えたかったことを真逆に解釈されたこともあったよ。俺に直接怒ってくれる人はまだいい。「違うんです」と説明できるからね。でも、馬主さんだったり、牧場の関係者だったり、直接説明できない人のほうが多いでしょ？　そういう方たちに誤解で嫌な思いをさせてしまうのは申し訳ないし、俺にとっても損だし。

**佑介**　なるほどね。将雅はリスクや無駄を省いて「どうぞ」というスタンスやけど、それでプラスを取りに行こうとしているかというと、そうじゃないよね。

**川田**　うん、マイナスがなければいい。そもそも俺に対してたいていの人は、「なんや、アイツ」から始まっているわけやん（笑）。目つきが悪い、態度が悪い、みたいな。でも、関わる人が増えていくにつれ、本当の部分をわかってくれる人も増えて、いまがあるから。

**佑介**　確かに将雅は、周りのイメージと本人像におおいにギャップがあるひとりやな。だから もう少し、「自分はこういう人間ですよ」という説明をすればいいのに。そのイメージを変えていければ、もっと楽になるんじゃないかと思う。

**川田**　ん〜、無理やなぁ（笑）。

**佑介**　まぁ、将雅は〝自分ルール〟が多過ぎるからな（笑）。では、仕事絡みの話題で将雅のイメージを変えるのは諦めて、プライベートでの意外な素顔に迫るとしますか。

## 川田将雅の素顔はイメージとは全然違う⁉

**川田**　プライベートについては、こういう場でほとんど話したことがないからねぇ。

**佑介**　「家のことはなにもしていません。全部嫁さんがやってくれますから」とか言いつつ、けっこう家のことやってるくせに（笑）。

**川田**　……（苦笑）。俺が家事をしているなんて話したところで、誰もおもしろくないでしょー！ そんなところで〝いい人〟ぶりたくないねん。俺は刺々しいイメージのままでいいんですよ……。

**佑介**　その程度のことで拭えるほど簡単なイメージじゃないから大丈夫（笑）。もう言っちゃえよ。無理してツンツンしてるけど、ホンマは違うんですよって。

**川田** ……(苦笑)。

**佑介** 家事もけっこうやってるんですよって。

**川田** ……(笑)。

**佑介** 独身の頃、「自分が厳しく育てられたから、子どもにも厳しくしてしまいそう」って言っていたけど、いざ蓋を開けてみたら、下の女の子なんて溺愛以外の何物でもないだろ？

**川田** 女の子はねぇ、厳しくできない。上の子は男の子だから厳しくしてるよ。怒るときはガツンと怒る。佑介はどんな父親なの？

**佑介** たぶん、将雅よりよっぽど家のことはやっていないと思う。子育ても基本的には嫁さんに任せていて、大事なときだけガツンと怒る感じかな。子育てにおいて、怒ることは必要だと思っているからね。でも最近、長男を見ていて〝俺の子どもやなぁ〟と思うのが、俺が大きい声で怒ると、苦笑いしながら「も〜、大きい声出さないでよぉ。ビックリしちゃうからぁ」とか言うの。コイツ、うまいなと思って(笑)。そんなふうに言われたら、それ以上怒れないじゃん。

**川田** なるほど。佑介の子や(笑)。

**佑介** 俺も将雅も、下の女の子が思春期になったときが一番困るやろうな。

**川田** 困るやろうねぇ。俺は兄貴しかいないから、女の子が成長していく過程がわからへん。いまも怒り方がわからなくて、ちょっと怒るとめっちゃ睨まれる(笑)。

**佑介** お前にガンを飛ばせる数少ない人間やな(笑)。

## 将雅には、大事な経験が向こうからやってくる

**佑介** 将雅は話してくれなかったけれど、将雅らしいなと思ったエピソードを聞いたことがあって。フランスに行ったとき、全然勝てなくて悔しくて泣いていたっていう……。

**川田** えっ……、誰に聞いたん?

**佑介** 将雅のあとに半年近くいたんだから、どうしたっていろいろ耳に入ってくるよ。お前にとっては恥ずかしい思い出なのかもしれないけれど、その話を聞いたとき、いい意味で将雅らしいなと思った。日本にいたら、そこまで悔しい思いをすることも、そこまで追い込まれることもないからね。だから、フランスでそういう思いをしたことは、将雅にとってていいことだと思う。

**川田** みんなが「大丈夫だよ、大丈夫だよ」って言ってくれたんだけど、そう言われれば言われるほど〝チクショー! 大丈夫ちゃうわ!〟と追い込まれていって。もう悔しくて悔し

くて。

**佑介**　涙が出たときは、どういうタイミングだったの？

**川田**　1か月の遠征のなかで、これが最後のチャンスだと思える馬の騎乗を頼まれて。でも結局、結果を出せなかった。そのとき、悔しさと同時に「俺、ここでなにしてんやろ……」という思いが込み上げてきた。日本人がポンと行って、ある程度の数を乗せてもらえただけでもありがたいことなんやけど、自分ではもっとやれると思っていたから。

**佑介**　わかるよ。でもね、俺がフランスにいたとき、調教師やエージェントが「去年来ていたヤツ、元気にしてるか？　あのままこっちにいれば、もっと乗れたのに」って言ってたよ。彼らいわく、いい意味で「彼は日本人ぽくなかった」と。俺にリップサービスをする必要はないから、本当に将雅を評価していたんだと思う。

**川田**　そうかぁ。そんなふうに言ってくれている人がいたんだ……。

**佑介**　それを聞いて、ちょっとうらやましかった。でも、そのあとに泣いていた話を聞いて、「そうだったんや！」って(笑)。

**川田**　お恥ずかしい……。でも、あのフランスでの1か月があったからこそ、ハープスターの凱旋門賞も乗せてもらえたと思うし、勝つことはもちろん、乗ることすら難しいという経験をあの時期にできたことは、自分のキャリアにとって大きかったと思う。

**佑介** 悔しい思いをしたかもしれないけれど、いまとなってはその経験が次につながっているもんな。ダッシャーゴーゴーでの騎乗停止（2010年・スプリンターズS）にしても、将雅の場合、大事な経験が向こうからやってくる気がする。そのあたりが〝持っている〟ところなのかなって。もちろん俺も、フランスに行ってよかったと思っているよ。まぁ、きっかけのひとつは、オールザットジャズが将雅に乗り替わったことだけどな！

**川田** ああ、エリザベス女王杯（2012年・5着）……。

**佑介** 行こうかなぁ、どうしようかなぁと迷っていたなかで、あの乗り替わりがトドメやった。

**川田** すみません、勝てなくて……（苦笑）。フランス行きひとつをとっても、佑介はジョッキーとしての責任感が強い。若手にもこういう経験をしてほしい、そのために、まずは自分が行動するっていうね。自分さえよければいいというのではなく、誰かのために行動することができる。そもそも佑介は賢いからね。ただ、賢いがゆえに、頭のなかだけでいろいろ解決しようとしている気もするけれど。

**佑介** うん……、それはあるかもしれない。

**川田** 同期でいえば、佑介の賢さと人づき合いのうまさ、津村（明秀騎手）の馬乗りのセンス、俺のメンタルの強さがひとつになったら、ものすごいジョッキーが誕生すると思う（笑）。

**佑介** 確かに！　津村の馬乗りのセンスは抜けているからね。よく考えたら、俺たちの期ってすごくない？　凱旋門賞で1番人気に乗ったやつがいて、有馬記念を勝ったやつ（吉田隼人騎手・2015年ゴールドアクター）がいて。

**川田**　昔は、同期に対してライバル心むき出しでギスギスしていた時期もあったけれど、いまとなっては、みんなの活躍が素直にうれしい。まぁ、俺と佑介がギスギスしたことはなかったけどな。

**佑介**　えっ⁉　本気でなかったと思ってるの？

**川田**　えっ⁉　……まぁ心の底から佑介を応援できない時期も確かにあった（笑）。

**佑介**　さっき将雅がフランスで泣いた話をしたけれど、俺、将雅がキャプテントゥーレで皐月賞を勝ったとき、悔しくてめちゃくちゃ泣いたからね。お酒を飲みながらめっちゃ泣いて、みんなに慰められた（笑）。

**川田**　その話、聞いたことあるわ。

**佑介**　俺はすぐ泣くから。泣き虫度合でいったら、小牧（太騎手）さんより上やで。ただ、小牧さん、橋口（弘次郎元調教師）先生の最後の日、パドックで馬に跨る前から泣いていたなぁ。いくらなんでも早過ぎや（笑）。

**川田**　俺は小牧さんの気持ちがわかるよ。俺もね、松田（博資元調教師）先生の最後のレースのパドックで、息子さんをとおして「先生に足を上げて（騎乗の際の補助）ほしい」とお願いしたの。で、実際に先生に上げてもらって……。それはもう感極まった。お客さんに涙を見られたくなくて、急いでゴーグルをしたよ。

**佑介** そうかぁ。将雅も熱いところがあるから、意外と〝泣き虫ジョッキー〟かもしれないな。

## 昔は直線でガシガシ追ってくることに命を懸けていた

**佑介** 成績も安定して、GIでもいい馬に騎乗しているなかで、ここから5年10年はどういうビジョンを描いているの？

**川田** 当初のビジョンでは……、この数年で1番を獲れると思っていた。

**佑介** なるほど。現時点で将雅の時代が到来している予定やったわけや。

**川田** そう、その予定やった。でも、現実はそうじゃない。

**佑介** クロフネ来航（外国人騎手の活躍）もあったからな。とはいえ、気を吐いている部類やと思うで。

**川田** 今年（2016年）はとにかく上に食らいついていこうと思っている。ここ数年より今年はそういう気持ちが強いよ。なぜかというと、佑介の〝ある言葉〟があったから。

**佑介** えっ？　なになに？

**川田**　ある人から、「将雅はトップに立ちたいと思っているのかなぁ。思っていないとしたら、狙える位置にいるのにもったいない」って佑介が話していたと聞いたんだよ。それを聞いて、ハッとしたんだ。そう思って頑張ってきたはずなのに、ここ数年はそういう気持ちが薄れていたかもしれない。

**佑介**　やっぱりな。若い頃は、みんなザックリとした目標として「ダービーを勝ちたいです」、「リーディングを獲りたいです」とか言うじゃない。俺もそうだった。でも、俺がそうやってザックリとした未来を描いていた時期に、将雅はすでに、しっかりとトップを見据えていた。そのときにハッキリと見えていたものが、なぜいまになってぼやけてきちゃうのかなと思っていた。すごく遠いところから這い上がってきたのにさ。

**川田**　お前に言われて気づいたよ。なんていうのか……、自分にとっても若手にとっても、夢がないなって。だからこそ、頑張らなくちゃいけないと思った。夢を持てる仕事であるべきだし、自分はそこにチャレンジしていける位置にいるんだとあらためてお前に気づかされた。

**佑介**　本来ならば、同じジョッキーとして、俺もそう思っていなければいけないんだけどね。いまは上位にいる人ですら、「いまの流れじゃ無理だな……」と思っている節があるから。現実を受け止めることが悪いことだとは思わないけれど、少なくとも将雅はまだそんな年齢ではないし、現実を受け止めてやっていくことが将雅の持ち味じゃないでしょ？

**川田** うん。ギラギラしてこそ俺だと自分でも思う。

**佑介** 一方で、いまトップにいる人たちに必要なのは、下からの突き上げだと思ってる。だから、上に圧を掛けることができていない自分たちにも責任があると思う。いずれにしても、日本のジョッキー界にとって、大きな大きな変革期が来ているわけでさ。

**川田** そうだな。とはいえ、一つひとつ勝っていくしかないねんけど。

**佑介** そういえば将雅、去年あたりから乗り方が変わったよな。ガシガシ乗ってきてガシガシ追ってくるイメージが強かったけど、いまは勝ち方を含めて、誰よりもスマートに乗ってくることがある。昔の将雅とは全然違う。

**川田** 昔は直線でガシガシ追ってくることに命を懸けていたから（笑）。最近は、直線はあくまでプラスアルファだと思っている。なにより大事なのは4コーナーまで。4コーナーまでにどういう競馬をしてきたか、どれだけ力を残せたかが勝負だと思う。

**佑介** 将雅を見ていればわかるよ。4コーナーまで完璧に運べたときは、直線はひたすら自分に酔ってるもんな（笑）。「どうですか、僕の芸術的な4コーナーまでの運び。あとはターフビジョンをご覧ください。どんどん後ろが離れていきます」みたいな（笑）。

**川田** 表現悪いわぁ〜（笑）。4コーナーまでロスなく運べれば、馬も人も楽だからね。直線で無理をせずに勝つことができれば、ダメージも少なくて済む。結果、次のレースにも向かいやすいわけで。

**佑介** たとえば、どう乗っても勝てるような馬でも、将雅は最低限のリスクできっちり乗ってくる。いいポジションを取ることが多いから、そのあとはポジションをキープすることに専念していて、そのぶん馬と呼吸を合わせている時間というか、馬と対話している時間が長い。だから馬も走りやすいだろうなと思う。返し馬でも、競馬であまり考えなくていいように、自分の姿勢を含めて丁寧につくっているし。

**川田** お前、すごいな。まったくそのとおりだよ。返し馬は練習の時間であり、その馬を知る時間。そこでできないことは、レースでもできないからね。できないことがあれば、できることを探さないといけないし、とにかく返し馬はすごく大事な時間だと思っている。佑介は、レースを組み立てていくなかで、なにを重視しているの？

**佑介** レースの組み立てというより、最近よく考えるのは、みんなどの程度まで考えて乗っているのかなということ。それが見えないことが最近の悩みかも。昔は誰よりも考えて乗っている自負があったけど、いまのトップジョッキーたちは、それ以上にものすごく考えて乗っているんだろうなと思うと、逆に怖くなってきてね。脳内に関しては、昔のほうが余裕があったかもしれない。

**川田**　そうだとしても、佑介は余裕がない自分にすでに気づいている。気づいているなかでレースを組み立てているわけだから、決してパニックになっているわけではない。佑介はもともと、レースの運びが上手やん。俺が直線に命を懸けている頃から、4コーナーまでの運びを重視して乗っていた。いまでこそ俺も意識しているけれど、そこに関してはスタート地点がまるで違うからね。佑介は〝頭脳〟で乗ることができるタイプだから。

**佑介**　もっと結果を出したいということも含め、悩みは尽きないよ。ただね、30歳になって、こんなに熱い気持ちでジョッキーを続けられているとは思わなかった。どこかでスッパリとあきらめて、早々に違う道に進んでいると思っていた。

**川田**　いまの熱い気持ちの源はなんなの？

**佑介**　応援してくれる人が増えれば増えるほど、たくさんの人を幸せにできる職業だと気づいたことかな。同じ1勝であっても、ひとりでも多くの人が喜んでくれる1勝を挙げたいといまはすごく思う。成績が下がったからこそ見えた景色なのかもしれないけれど、いまはそういう気持ちが大きなモチベーションになっている。あとはやっぱり、GⅠ※を勝ちたい。それを達成しないことには、次の道に進んだところでトップには立てないと思うから。

**川田**　こんなにジックリと話をしたのは久しぶりだったけれど、佑介の言葉は相変わらず心に刺さるな。「お前が閉めた扉はお前が開けに行け」。これが今回の対談のハイライトや



※この対談から2年後の2018年、藤岡騎手はケイアイノーテックに騎乗しNHKマイルカップに勝ちGⅠ初制覇を果たす。

な（笑）。

**佑介**　俺の言葉をきっかけに、将雅の〝なにか〟が変わるとしたら、それは本当にうれしいこと。最後に、何年以内に凱旋門賞の扉を開けるか、宣言して帰ってください！

**川田**　それは……勘弁してください（笑）。

対談を振り返って

## やっぱりこの男からはいい刺激がもらえる

「ｗｉｔｈ佑」の記念すべき第１回のゲストが将雅でしたね。ハープスターで挑んだ凱旋門賞のこと、プライベートのこと、リーディングジョッキーへの熱い思いまで、なんでも快く話してくれた将雅に感謝しています。じつは、じっくり話をしたのはこの対談が久しぶりだったのですが、「やっぱりこの男からはいい刺激がもらえるな」と素直に思いました。

対談当時、少し薄れがちだった将雅ならではの〝ギラギラ感〟もいまやすっかり戻ってきて、デビュー当時から見据えていたトップまであと一歩。いまは僕が影響を受けることのほうが多いですが、これからもお互いを高めていける関係でいたいなと思っています。

提供：netkeiba.com

# #03　2016.6
# クリストフ・ルメール with佑

## ダービー惜敗直後に出た〝うれしい〟という言葉

**Christophe Patrice Lemaire**

1979年5月20日生まれ、フランス出身。99年騎手免許を獲得し、フランスで騎手デビュー。02年よりJRAの短期免許制度を利用し日本で騎乗。15年に通年免許を取得し、JRAジョッキーに。17年には外国人として初めて全国リーディングジョッキーを獲得し、19年まで3年連続リーディングジョッキーになる。

JRA通算勝利数（2020年10月5日現在）：1272勝（重賞100勝）

## 京都のジョッキールームでも、自然と拍手が沸き起こった

**佑介** クリストフ、今日は来て※くれてありがとう。

**ルメール** どういたしまして。〝とりあえず生ビール〟でしょ？

**佑介** そうだね（笑）。さっそくですが、春のクラシック（2016年）が終わりました。いまの気持ちはどうですか？

**ルメール** 桜花賞（メジャーエンブレム）とダービー（サトノダイヤモンド）は勝てるかと思っていたけれど、ちょっとアンラッキーだったね。桜花賞のメジャーエンブレムは、スタートが悪かったことに加えて、レース全体のペースが落ち着いてしまった。前に行くのが好きな馬だから、ああなってしまったらダメ。

**佑介** クリストフは〝絶対に勝てる！〟と思っていたはずだから、僕も見ていて残念な気持ちになったよ。ただ、次はオークスだと思っていたんじゃない（次走にはNHKマイルCを選択し、1番人気1着）？ 無理にプッシュしなかったのは、（距離が延びる）次を考えてのことなのかな……と思いながら見ていたよ。

**ルメール** うん、プランが違ったね。佑介の言うとおり、スタートのタイミングが合わなかっ

※この対談は2016年6月2日に行われた。ルメール騎手は前週末の競馬で負傷し、左第2中足骨骨折との診断。早期復帰を目指していた時期にあたる。

た時点で、すぐにたくさんのことを考えたよ。桜花賞を勝つためにどうするべきかが最優先だったけれど、少なからず次のレースのことが頭のなかにあったのも事実。もちろん、レースのなかで精一杯のトライはした。ただ、彼女に合わないレース展開になってしまったので、100%の力を見せることができなかった。

**佑介**　JRAのジョッキーとしてデビューする前に、「春のクラシックにお手馬で出たことがない。レースをとおして自分で育てた馬で出てみたい」と話していたよね？　もちろん、桜花賞もダービーも結果は残念ではあったけれど、クリストフがやりたかったことが叶っているのかなって。

**ルメール**　1頭の馬を育てるという点では、クラシックではないけれど、（メジャーエンブレムで）NHKマイルCを勝てたことは大きいよ。サトノダイヤモンドも、ダービーはわずか8cmの差で負けてしまったけれど、成長の過程をともに歩めていることをうれしく思う。

**佑介**　それにしても、ダービーは素晴らしいレースだった。正直、レース前はクリストフに勝ってほしいと思っていたんだよ。

**ルメール**　そうなの⁉

**佑介**　皐月賞からの流れも含めて、すごく自信があるって言っていたから。でも、いざゴール前で接戦になったら、思わず「将雅！」って叫んでた。やっぱり日本人としてのプライド

マカヒキとサトノダイヤモンドの大接戦　8cm差でマカヒキが栄冠を手にした(撮影:下野雄規)

もあるし、（川田）将雅との関係性もあるからね。だけどレース後、クリストフは「負けたけれど、すごくいいレースができてうれしい」って言ったじゃない？　あのコメントには考えさせられたよ。

**ルメール**　若い頃ならもっともっと悔しかっただろうし、「チクショー！　負けた！」って言っていたかもしれない（笑）。

**佑介**　「負けたけれど、いいレースができてうれしい」というコメントが許されるのは、クリストフがたくさんの人から認められているからだよね。競馬がギャンブルである以上、難しい部分もあるけれど、ギャンブルという側面を考え過ぎなければ、素晴らしいレースのあとには素直にああいうコメントがジョッキーから出てもいいのかなって、個人的には思った。だから、クリストフの口からあのコメントが出たことで、これからの日本の競馬にいい変化が起きてくれたらなぁって。

**ルメール** ダービーを負けたあとの「うれしい」という言葉は、経験が言わせたものだと思う。さっきも言ったけど、若い頃なら違っていたよ。

**佑介** やっぱりそこは経験が大きいんだね。ゴール直後に将雅に手を差し伸べたのも、クリストフにしてみればごく自然な行動なんだよね？ 「自分なら悔しくて絶対にできない」って、将雅が感動していたらしいよ。

**ルメール** うん、至って自然に手が出たよ。誰が勝ったとしても、自分の仲間がダービージョッキーになったわけだから、彼の美しい1日を心から喜ぶべきでしょ？ 自分が勝ったときも、周りの人たちから「おめでとう！」と言われたいから、自分も仲間の勝利を喜べる人間でいたい。

**佑介** 日本の競馬に足りないところというか、みんながちょっと忘れかけていたことを思い出させてくれたような気がするよ。確かに競馬はギャンブルだけど、もっと奥にある本質的な魅力が、あのレースからもクリストフからも伝わってきた。

**ルメール** ボクシングだって、終了のゴングが鳴った瞬間にお互いのファイトを称え合う。たとえ負けても、試合が終われば同志だからね。僕はあの瞬間、ギャンブルであることも、周りの人のことも、いっさい考えなかった。ただ、自分の同僚がすごくいい戦いの末に勝った。だから、「おめでとう、将雅」。ただそれだけのことだよ。

**佑介**　そうありたいと僕も思うけれど……。その境地にたどり着くまでには、やっぱりいろんな経験が必要だよね。しかも、クリストフにとって、勝ったマカヒキはもともと自分が乗っていた馬だし。

**ルメール**　もちろん、マカヒキのすごさも知っている。だからこそ、他の馬ではなく、マカヒキが勝ってくれてよかったと心から思う。

**佑介**　そう言えるクリストフはやっぱりすごい。そういうことも含めて、本当に本当にいいレースだった。京都競馬場のジョッキールームでも、自然と拍手が沸き起こったからね。悔しいこともたくさんあったと思うけれど、クリストフにとってはどんな春だった？

**ルメール**　僕の乗り方は見た目には激しくないし、騎乗スタイルに正解はない。そんななかでも、どんどん馬が成長していくのを感じられた春だった。その状況は、僕にとってひとつの成功だし、実際、サトノダイヤモンドもメジャーエンブレムももっともっと強くなっていくと思う。この日本で、僕なりのエスコートで馬が育つ過程を知ることができたのは自信にもなったし、すごく勉強になったよ。

## スポーツ選手に大事なのは喜びを見つけること

**佑介**　この春のこともそうだけれど、自分だったらすごく落ち込んでしまうような出来事もクリストフはあっけらかんと乗り越えていく。本当にハートが強いよね。

**ルメール**　ジョッキーの人生なんて、いいときもあれば悪いときもあるのが当たり前。実際、すごくつらい経験もしてきたけれど、そういった落差のなかで、いかに〝同じ自分〟をキープできるかが大事だといまは思っているよ。ダービーのあとのコメントにしても、すべて経験を積むことで学んできたことだね。

**佑介**　2014年の秋、日本でケガをしたことがあったよね（11月24日、ファーガソンに騎乗した京都12Rの最後の直線で、ラチに激突して落馬負傷）。それもけっこうな大ケガで。

**ルメール**　ああ、膝のお皿が割れたときね。丸々3か月間、馬に乗れなかったし、そのあとも膝を曲げるのが大変で、しばらくリハビリに通ってた。

**佑介**　あのとき、「JRAのライセンスを取るのをやめる」と言い出してもおかしくないなと思っていた。だって、もし自分が海外でケガをしたら……と考えると、すごく大変なことだから。でも、クリストフは「これで試験勉強に集中できるからラッキー！」ってすごく前向きで。あのときも、強いなぁと思った。

**ルメール**　ある事故を境に、悪い出来事に対する感じ方が変わったんだよ。2009年の凱旋門賞の前日に落馬したんだけど…。

**佑介**　それ、覚えてる！

**ルメール**　骨折して全部乗り替わりになって、結局、その週だけで8勝を逃した。あれは本当につらかった。

**佑介**　クリストフが乗るはずだった馬がことごとく勝って、しかもグループ（重賞）ばかりだったんだよね。

**ルメール**　うん。僕が乗るはずだった馬が勝つたびに、友達が「落ち込むなよ」「頑張れよ」ってメッセージを送ってくれたんだけど、ものすごく落ち込んだよ。

**佑介**　それって、よく考えればすごいこと。トップジョッキーが集まる凱旋門賞の週に、それだけチャンスのある馬を任されていたということだから。フランスでそういう立場にいたジョッキーが、いま日本にいること自体もすごいことだけど。

**ルメール**　アガ・カーンとの契約があったから、それだけたくさんのいい馬が集まっていたんだけどね。その落馬以降は、ケガだけではなく、それまでなら気にしていたような出来事もあまり気にならなくなった。それくらい、自分のなかではものすごくショックな出来事だった。

**佑介**　そうかぁ……。もちろん、ケガも含めて悪い出来事はないに越したことはないけれど、ステップを上がるために必要な経験もあるよね。そのときはものすごくつらいかもしれないけれど。

**ルメール**　うん。その積み重ねで、気持ちの切り替えがうまくできるようになるんだと思う。ケガをした以上、マイナスのことを考えたところで、ベッドの上で寝ていなければいけない状況は変わらない。だったら〝早く治して、絶対にもう一度乗るぞ！〟という前向きな気持ちで、笑っていたほうがいい。それに、休むことでリフレッシュもできるし、ケガをしたあとは毎日リハビリに行くから、体のコンディションがとてもよくなる、とかね。

**佑介**　確かに〝悪いことばかりじゃない〟と発想を切り替えることが大事だよね。それができるのは、やっぱり経験？　それとももともとの性格が大きい？

**ルメール**　両方だと思うよ。なによりスポーツ選手にとって一番大事なのは、レベルが高かろうが低かろうが、喜びを見つけることだと僕は思っている。フランスにいる頃は毎日競馬があって、遠いところまで乗りに行くことも多いから、すごく疲れていた。そんな毎日のなかで、馬に乗りたいとか、馬に乗れてうれしいとか、そういう気持ちがいつしかなくなっていた。でも、JRAジョッキーとなったいまは、新人ジョッキーのようなフレッシュな気持ちで、馬に乗れることが素直にうれしい。15年というキャリアと馬に乗れる喜びが噛み合って、いまジョッキーとしてすごくいい状態だと思う。それがハートの強さにもつながっているんじゃないかな。

**佑介**　わかる気がする。僕がフランスに行ったのも、停滞した環境を変えたかったから。僕もジョッキーという仕事を楽しいと思えなくなった時期があった。

**ルメール**　誰にでもそういう時期は訪れるよ。そんなときは、思い切って違う環境に身を置いて、新しい出会いや新しい刺激を受けることでリフレッシュにもなるし、自分自身のキャリアにもつながる。実際、フランスに行ったあとの佑介は、自信を持って乗れているのがすごくよくわかるよ。

**佑介**　「自信を持って乗らなきゃダメだ」って、クリストフがいつもアドバイスしてくれるからね。

**ルメール**　以前の佑介は、迷いながら乗っているように見えることがあったから。でもいまは、ポジションを取りにいく動きひとつにしても、自信を持って乗っているのがレース中に伝わってくる。ジョッキーとして、完成されてきたなぁって思う。

**佑介**　クリストフのおかげで、意識してそう乗るようにしているんだよ。もうホント、ビッグリスペクトです！

## 誰ひとり、豊さんのあとを追わないのはなぜ？

**佑介** 僕がなぜフランスに行ったのかについては、いままでそれほどくわしく話したことはなかったけれど、最終的にフランスに行くことを決めたのは、クリストフがいるからというのも理由のひとつだったんだよ。

**ルメール** そうなんだ。ありがとう。

**佑介** 僕は、クリストフの騎乗スタイルがすごく好きだから。馬に負担を掛けないし、とにかくキレイ。日本人ジョッキーのあいだでアクションの大きい騎乗スタイルを取り入れる人が増えていた時期だったけれど、僕はやっぱりクリストフのような騎乗を理想としていて、そのスタイルに近づくためにはどうすればいいのか、それを知りたくてフランス行きを決意したんだ。

**ルメール** 正解はひとつではないけどね。若い頃は、関係者によく「やる気あるの？」って言われたものだよ。「勝ちたくないのか！」とかね。

**佑介** えー!? なんで？

**ルメール** 当時からアグレッシブな乗り方ではなかったから、勝つ気がなさそうに見えたんだって。

**佑介**　へぇー、そんなこともあったんだ。最近の四位さんなんて、クリストフが追っている姿を見ながら、いつも「本当にすごい」とめっちゃ褒めてる。「あの乗り方が理想形だから、ビデオに撮って全部分析して、競馬学校の教科書にするべきだ」とまで言ってるよ。

**ルメール**　そうなの!?　うれしいけど、ちょっとビックリ（笑）。

**佑介**　直線ですごく速く走れる馬には、だいたいみんな格好よく乗れる。でも、ちょっとバテてきたり、動かさなきゃいけない馬のときは、気持ちが入り過ぎてバランスが崩れてしまうことがあるけど、クリストフは馬が一番走りやすいであろうバランスを絶対に崩さない。膝とか足首とか細かい扶助を駆使して、絶妙なバランスを保っている。見た目には涼しげに乗っているように見えるけれど、じつはものすごくしんどい作業をこなしているよね。

**ルメール**　そう言ってもらえるのはすごくうれしいけど、豊さんも同じだと思うよ。僕は、豊さんの騎乗スタイルを〝キレイだなぁ〟と思ってずっと見てきた。日本のジョッキーは、豊さんの乗り方を何年も近くで見てきているのに、なんでいまさら僕の乗り方を見て「ワォ！」って言うの？　ちょっと驚きだよ。

**佑介**　〝武豊〟は〝武豊〟であって、僕たちにとってはすごい人なのが当たり前になっていて、とても真似できるとは思えないから（笑）。

**ルメール** なるほどね。豊さんは神様のような人で手が届かないけれど、とりあえずルメールなら手が届くということか（笑）。

**佑介** それは違うよ（笑）。いま思えば、クリストフが日本の競馬関係者に一番インパクトを与えたのは、2009年のジャパンCじゃないかな。

**ルメール** ウオッカ！ いままで乗った日本馬のなかで、一番印象に残っている馬だよ。なんというのか……、ウオッカはマシーンのような馬だった。確かに、これまでのジョッキー人生のなかでベストバウトを選べと言われたら、あのジャパンCは3本の指に入る。それくらいパーフェクトなレースができた。

**佑介** 間違いなくいいレースだったし、クリストフじゃなければあの競馬はできなかったんじゃないかな。なぜなら、ダービー馬とはいえ、本質的には2400mは長いとみんなが思っていたから。だから、後方からじっくり行くのかな……と予想していた人が多かったはずだけれど、クリストフは外目の3、4番手で我慢させた。

**ルメール** 僕も2400mではスタミナが足りないと思っていた。でも、あのときはリズムよく運べたし、とにかく直線での反応がすごかった。

**佑介** あのレースで、クリストフの折り合いをつける技術の素晴らしさにあらためて気づいた人も多かっただろうし、クリストフの武器が一番発揮されたレースだったと思う。

**ルメール**　当時は毎年3か月間、日本で乗って、その経験をフランスで生かすことでどんどん強くなれたし、結果にもつながっていたと思う。ウオッカに限らず、日本で経験を積めたことは本当に大きかった。

**佑介**　そういえば、僕がフランスに行ったとき、たいていの人には「レースに乗れないのに、なんで来たの？」って言われたけれど、クリストフだけはそういうことを言わなかったよね。

**ルメール**　だって、将雅と佑介がフランスに来たとき、「やっと来たか！」という気持ちだったから。さっきも言ったように、環境を変えて世界観を広げることは、キャリアのなかで本当に重要なことだと感じているから、外国にチャレンジしに行く人に対して、「なんで？」とか「日本にいれば乗れるのに」とか、僕はいっさい思わない。

**佑介**　そんなクリストフのおかげで、フランスでは本当に有意義な時間を過ごすことができた。ルメール家の地下の部屋に居候までさせていただいて（笑）。

**ルメール**　あの地下の部屋には、角居（勝彦調教師）先生もちょっと住んでいたことがあるよ（笑）。それにしても、若い頃から少しずつ外国でのキャリアを重ねていった豊さんは、いまなおトップジョッキーの位置にいて、いまや世界中どこに行っても乗れる状況にある。それってとても素晴らしいことなのに、日本人ジョッキーは誰ひとり、豊さんのあとを追わない。「なんでなの？」ってすごく思う。

**佑介**　僕もそう思う。フランスにいるとき、現地で豊さんとお会いする機会があって、そのときに同じようなことを言われたよ。「俺がこんなに海外に来ているのに、なぜ後輩が続かないのか。本当に不思議に思う」と。「〝もっともっと〟と自分の気持ちを鼓舞するために海外に来るんだ」とおっしゃっていて、豊さんレベルの人がそう考えて実践してきたんだから、そりゃあ敵うわけないよなと思った。

## 世界の競馬関係者から見た日本人騎手のイメージは……

**佑介**　豊さんには、フランスに行く前にもいろいろお話を聞く機会があって、そのときに言われたのが、「海外に行くと、向こうでなにをしてきたかを知りたがる人が多いけれど、本当に大事なのは、帰ってきてからなにができるか」だと。

**ルメール**　僕もそう思うよ。言葉で具体的に表すのは難しいけれど、経験を積むことで、その人が醸し出す〝なにか〟が変わってくる。

**佑介**　一昨年（2014年）の秋、ブドーが初めて日本に乗りに来たじゃない？　彼にとって、いい遠征だったかといえば決してそうではなかったはずだし、成績自体も物足りない数字だったと思う（73戦9勝）。でも去年、初めてフランスでリーディングを獲って、今年（2016年）

も上半期だけでぶっちぎり。日本での経験がなんらかの糧になったはずだし、それこそ「帰国後になにができるか」という点で結果を出した。

**ルメール**　そうだね。さっきも言ったけれど、僕もかつては日本での経験が大きな力になったからね。

**佑介**　ブドーは確か、まだ23歳（当時）だよね。そうやって海外の若手も日本に来て頑張っているんだから、逆があってもいいと思うんだけどなぁ。もちろん、日本人ジョッキーがフランスで有力馬に乗ることがいかに難しいことかはわかっているけれど、僕は日本の若手のなかにもすごくいいジョッキーがいると思っている。彼らの海外進出も含め、この先、日本のジョッキー界をより活性化させるために、なにかいいアイデアはある？

**ルメール**　アイデアの前にひとつ言えるのは、世界の競馬関係者のなかで、日本人ジョッキーは筋肉量が少ないイメージがあるみたい。

**佑介**　ああ、なるほど。確かに外国人ジョッキーに比べれば線は細いよね。

**ルメール**　うん。海外の関係者は、みんな見た目でわかる筋肉が必要だと思っているからね。もし、そのイメージが災いして乗せてもらえないのだとしたら、そのイメージを払拭するために、もっと筋肉をつける努力をしてもいいんじゃないかな。僕個人としては、それほど筋肉ムキムキである必要はないと思ってるよ。実際、豊さんはスリムなのに、あれだけ追えるわけだから。

**佑介**　そうかもしれないけれど、一方でクリストフの言うとおり、見た目のイメージが重要視されるのであれば、筋肉をつければいいと僕も思う。

**ルメール**　あと、日本では毎年、騎手候補生が数人しかいなくて、競馬学校を卒業すれば、ほとんどの子がジョッキーになれる。そのシステムにも原因があると思っている。イギリスやフランスでは、騎手になりたい子がものすごくたくさんいて、まずはそのなかで勝ち上がっていかないと騎手にはなれないからね。だから、僕からすると、日本の若手には競争意識が足りないように見える。

**佑介**　ここ数年は、競馬学校にもジュニアチーム（早期人材育成活動）ができたり、プログラムも高度なものになっているから、新人のレベル自体は上がっていると思うけれど、クリストフが言いたいのはそういうことではないもんね。

**ルメール**　うん。誰かと競い合うことって、自分を成長させるために本当に大事なことだから。ところで、佑介はもうフランスには行かないの？

**佑介**　もちろん何度でも行きたいと思っているよ。よく考えたら、現状に落ち着いてしまっている若いジョッキーより、クリストフや僕のほうがいまはフレッシュだよね（笑）。

**ルメール**　ホントだね（笑）。

**佑介**　僕がフランスに行ったのは、自分のためともうひとつ、若手に道筋をつくれたら……という思いもあった。日本の競馬はオフシーズンがないから、なかなか思い切れないかもしれないけれど、いつか日本からフランスに行って、現地の大きいレースをバンバン勝つようなジョッキーが出たらいいなと思っている。

**ルメール**　競馬はどこで乗っても競馬。技術的な差はそれほどないからね。

**佑介**　クリストフ、今日は長い時間ありがとう。フランスでもそうだったけれど、クリストフとは何時間でも話せるね。全然飽きないいんだよなぁ。

**ルメール**　競馬の話なら、あと3時間くらいOKだよ（笑）。僕も佑介から得るものは本当に大きい。フランスに行くと決めた決断力と行動力もリスペクトしているし、なによりすごく賢い。いつも笑顔で優しくて、自分もそうありたいと思うし、そういう人が僕は大好き。だから、佑介とはすごくフィーリングが合う。

**佑介**　重ね重ね、ありがとうございます（笑）。では最後に、移籍2年目のJRAジョッキーとして、目標を教えてください！

**ルメール**　フランスでは、一度もリーディングでトップになるチャンスがなかったから、やっぱりリーディングジョッキーになってみたい。1年をとおしてコンスタントに勝ち続けることは本当に難しいことだから、もし本当になれたら、僕にとってそれはもうスゴイこと。

**佑介**　今年は十分に狙えるよ。ただ、いくらなんでも土日で10勝（2016年5月21日、22日）は勝ち過ぎだけどね（笑）！

## お兄ちゃんのように感じています

クリストフの騎乗スタイルに憧れて、これまでもいろいろと教えを請うてきました。僕の拙い英語にも丁寧に耳を傾けてくれ、いつも細かく答えてくれるクリストフ。いつの間にか人間的にも大好きになって、いまでは一方的にお兄ちゃんのように感じています（笑）。２０１６年に行われたこの対談で、「リーディングジョッキーになりたい！」と夢を語っていたクリストフですが、翌年にあっさりとその夢を叶え、いまやすっかりその座が指定席に。念願のトップに立って、どんな景色が見えたのか。あらためて話を聞いてみたいなと思っています。ちなみに、４年前の対談では通訳さんが同席していましたが、たぶんもういらないだろうな（笑）。

提供：netkeiba.com

2017.5／2020.1

# #04 四位洋文 with 佑

## 競馬学校生の頃から四位騎手のそばにいられた特権

Hirofumi Shii

1972年11月30日生まれ、鹿児島県出身。91年に古川平厩舎からデビュー。96年にはイシノサンデーで皐月賞を制し、ＧＩ初勝利。01年には98勝を挙げ関西リーディングを獲得。07年には日本ダービーをウオッカで勝利し、自身のダービー初勝利とともに牝馬による日本ダービー勝利という快挙を達成。また同年の菊花賞ではアサクサキングスに騎乗し勝利する。20年2月29日引退。

JRA通算勝利数（2020年2月29日引退）：1586勝（重賞76勝）

## 「新人が四位さんの近くに行くこと自体難しいですから」

**佑介**　四位さん、今日はよろしくお願いします！　四位さんにはデビュー前からお世話になっていますが、こういった対談は初めてですよね。

**四位**　そうだね。俺はジョッキーとの対談自体がすごく久しぶり。しかし、佑介ももう31歳かぁ。俺と14歳も違うんだね。なんかスゴイな（苦笑）。

**佑介**　競馬学校生の頃から、函館で四位さんのバレット（騎手のサポート役）のようなことをさせていただいていましたからね。僕は子どもの頃からずっと競馬を見ていましたから、ジョッキーとしての四位さんのイメージは当然ありましたが、いざお手伝いをすることになったときに、関係者の方から「すごく怖いぞ」と聞いて……。正直、「俺、大丈夫かな。なにか間違ってしまったらどうしよう……」って、最初はちょっとビクビクしていました（苦笑）。

**四位**　ちょっとしたことで、それこそぶっ飛ばされるんじゃないかと（笑）。

**佑介**　はい（笑）。でも、実際はものすごくいろいろなことを教えてくださって、お小遣いまでくださったりして。すぐに「むちゃくちゃ優しい人やん！」と思いました。結局、周りの人がおもしろがって僕を脅かしていただけだったんですよね。みんな嘘つきだった（笑）。

**四位**　確かに当時はいまより尖っていたけれど、いくらなんでも競馬学校の生徒にきつく当たったりはしないよ。大半の関係者が、俺のことを誤解しているよね。「四位さんてめっちゃ怖い人だと思っていたけど、ふつうに話ができてよかったです」とか、よう言われるもん（笑）。俺からすれば、そりゃあふつうに話くらいするやろ！　って感じなんだけど。

**佑介**　そもそも、なぜ僕が四位さんのお手伝いをすることになったのか……、四位さんが声を掛けてくれたんですよね？　さすがに僕からお願いはできなかったと思うので。

**四位**　よう動くやつがいるわと思って（笑）。

**佑介**　僕としては、競馬学校時代に四位さんとつながりができたことは、デビューしてからも大きなアドバンテージでした。夏はずっと北海道に行っていたので、鞍置きも四位さんの近くにしてもらって、いろいろ話を聞いてもらいましたよね。なんのつながりもなかったら、新人が四位さんの近くに行くこと自体が難しいことですから。アンちゃん（新人騎手）なのに、四位さんに話しかけやすい、しかもいろいろと教えてもらえるというのは、本当に特権だったと思っています。

## 馬にも人にも嘘をついて仕事をするのは好きじゃない

**四位**　そんなもんかねぇ。でも、確かに佑介にはいろんな話をした気がする。デビューしてからは、「もっと活躍しなきゃダメだ」と発破をかけ続けた。

**佑介**　はい。ずっとそうやって気に掛けていただきました。

**四位**　デビューした年の佑介は、まだ力がなくてね。「もっと下半身を鍛えろ」って、よう言ってたよな。

**佑介**　それはすごく記憶に残っています。そのためのトレーニング法とか、木馬の乗り方も四位さんに教えてもらいました。あと、当時はスタンドに調教師さんがいる時代で、僕ら若手は別の場所に集まっていたんですが、ある日、四位さんが「お前がそのままでいいと思っているならそっちにいてもいいけど、ほかの若手と違うようになりたいんだったら、嫌でも先輩ジョッキーとか調教師がいるほうにいなさい」と。

**四位**　ああ、そんなことも話したね。

**佑介**　とにかく四位さんからは、大事なところで大事なアドバイスをずっともらってきました。僕が悩んで立ち止まったときに、いつも四位さんがヒントをくれたというか。僕、馬の扱いに関してはほとんど怒られたことがないんですけど、四位さんにだけは何回か注意されました。「馬を怒ってもいいけど、やり方が違うよ」とか、「怒るタイミングはいまじゃないよ」とか、「感情にまかせて怒ってはダメだ」とか。本当にいろいろと教えていただいたし、そんな四位さんを見て、僕自身のスタンスも決まったような気がします。

**四位**　俺、こう見えてけっこういいこと言うでしょ（笑）。でもね、誰にでも言うわけではないよ。競馬や馬に対して熱量が高い子には教えるけれど、そうじゃない子に話したところで、なにも響かないからね。その点、佑介はいまも昔も、ずっと一生懸命だから。いつも「（川田）将雅に負けるな」と思っていたよ。

**佑介**　四位さんにそう思っていただけるなんて、本当にうれしいです。今回、対談をお願いするにあたって、四位さんの実績をあらためて見直してみたのですが、積み重ねてきたキャリアがやっぱり半端じゃないなと思いました。たくさん乗って、たくさん勝っていた時期を経て、次には勝率が上がってきて、いまは一つひとつの仕事をきっちりやり切るというイメージに変わってきたように思います。そうやってスタンスを変えながらも、20年以上、トップジョッキーとしての地位を保っているわけですからね。

**四位**　いまはトップじゃないけどね。もうのんびりです（笑）。

**佑介**　過去の実績や四位さんなりのスタンスがあっての〝のんびり〟ですから。本来、もうこれでいいやって思ってしまうと、絶対に落ちていってしまう世界だと思うんですが、四位さんはそうはならない。やっぱり特別な存在です。

**四位**　特別なんじゃなくて、俺が変わってるんだよ。騎手としては、やっぱり勝ち星にこだわるべきだと思う。ただ、いまの俺のベクトルは、そっちではないということ。あくまで俺の考えだけど、勝ち星を増やそうと思ったら、馬にも人にも嘘をついて仕事をしなければならない。そうすると結局、仕事のすべてが自分のためだけになってしまう。馬がゲームの駒になってしまうような気がして、俺はそういうのがあんまり好きじゃないんだよね。

**佑介**　四位さんは、2001年に関西リーディングを獲りましたが、リーディングに関しても、「もういいや」と言っていましたよね。

**四位**　うん。本当に疲れたから。でもね佑介、ジョッキーである以上、本当はそんな気持ちじゃダメなんだよ。もっと勝利を求めなくちゃいけないのは、俺も十分わかっているんだけどね。

## ウオッカがいなければディープスカイでの勝利はなかった

**佑介**　僕が初めてダービーに騎乗したのは2007年のナムラマース（8着）で、その年に勝ったのがウオッカ。翌年のダービーは僕がフローテーション（8着）で、四位さんがディープスカイ。僕、2回とも真後ろの特等席で、四位さんのガッツポーズを見ているんです。

**四位**　そうか（笑）。そういえば近くにいたような気がするなぁ。

**佑介**　ウオッカも衝撃的でしたが、個人的にはディープスカイで勝ったときのレースのほうが印象深いです。僕は出遅れて踏んでいったので、ちょっと掛かり気味に1コーナーに入る形になり、内心焦っていたんです。そこでパッと横を見たら、四位さんとディープスカイがものすごく折り合っていて。それこそふたりだけの世界というか、ゾーンに入っているように見えたんです。

**四位**　あのレースは、絶対に勝てると思っていたし、それ以上に勝たなアカンと思っていたから、周りの馬がどうこうではなく、ディープスカイのリズムで回ってくることだけを考えていたからね。だから、ゲートを出していくとか、どこのポジションを取りに行ってとか、そういう作業を必要としなかった。

**佑介**　なるほど。でも、僕からすると、縦長の展開でものすごく前と離れていたので、「四位さん、こんな後ろで大丈夫なのかな」と思っていたんです。

**四位**　大丈夫だったでしょ（笑）。

**佑介**　ですね（笑）。4コーナーで僕の真後ろに四位さんがいて、僕の横をスーッと駆け抜けていきました。あのディープスカイの脚にはシビれましたよ。僕、札幌で四位さんに「ディープスカイに乗せてください」ってお願いしましたよね。どんな乗り心地なのか、どうしても知りたくて。いざ乗ったら、「えっ?」っていうくらいふつうの馬だったんですけど(苦笑)。

**四位** あの夏はあまりいい状態ではなかったし、もともとすごく乗り味がいいという馬ではなかったからね。俺は9戦目の毎日杯からスイッチしたでしょ? それまで豊さんを筆頭に6人のジョッキーが乗っていたけれど、あの馬に関しては誰もいいことを言わなかった。実際、緩かったし、ゴトゴトだったしね。でも、そこからの成長力が半端なかった。繰り返しになるけど、ダービーではリズムさえ守れば絶対に大丈夫っていう自信があったから。ただ、前の年に勝っていなかったら、あのレースはできていない。

**佑介** 前にもおっしゃっていましたね。ウオッカでの勝ちがあったから、ああいうレースができたと。

**四位** うん。ウオッカがいなかったら、ディープスカイでのあの勝利はなかったと思っている。あんなに落ち着いて乗れていないよ。やっぱり〝ダービーを勝てる馬〟の感覚は、実際に勝ってみないとわからない。俺はウオッカにそれを教えてもらったからね。そのウオッカとディープスカイを比べたとき、おそらくこの馬も勝てるんじゃないかと思えた。

**佑介** ウオッカは3番人気でしたが、ディープスカイは1番人気。さすがの四位さんも、相当なプレッシャーを感じたのでは?

観戦されていた皇太子殿下へ敬礼をする、印象的なシーン（撮影：下野雄規）

**四位**　いま思うと、いろんなプレッシャーがあったかもしれない。当然、1番人気の重圧もあった。この馬はダービーを勝てるはずの馬だという自分の感覚は、勝つことでしか証明できない。そういう自分の感覚に対するプレッシャーもあったね。

**佑介**　何かそういうの、かっこいいですね～。

**四位**　佑介、勝ったらこういうこともなんでも言えるから（笑）。

**佑介**　ダービーを勝つ馬の感覚をウオッカでつかんだとおっしゃっていましたが、皐月賞まで乗っていたタニノギムレットはどうだったんですか？　その後、豊さんが乗ってダービーを勝ったわけで。

**四位**　あの馬はね、スプリングSを勝ったときに、直線の短いあの中山でとてつもない脚を使ったんだよ。だから、ダービーでも絶対にいい勝負をするとは思っていた。でも、なんていうのかな……、俺の場合、ギムレットのあとに3着が2回あって（05年シックスセンス、06年ドリームパスポート）、それで現実味が帯びてきたようなところがある。だから、どんな馬が勝てるのかという感覚も含め、やっぱりダービーの尻尾くらいはつかまないとわからないものだよ。でもねぇ、ダービーは本当に大変だよ（苦笑）。

**佑介**　大変というのはどういうことですか？

**四位**　よく「ダービーなんて他のGⅠと一緒だよ」とか言う人がいるけれど、そんなの勝ってから言えよっていう話でさ。乗れば乗るほど、その重みがずっしりとくるレースなんだよ。牧場で男馬が生まれたら、「よし、ダービーだ！」って最初はみんな思うわけで、そこから一生懸命に育てて、オーナーさんが決まって、育成に渡って、トレセンに入って、そこには調教師さんや厩務員さんがいて……。その舞台に立つまでには、たくさんのホースマンが携わっている。若い頃は、そういうことをあまり感じていなかった。

**佑介**　その重みはわかります。ダービーに限らず、最近はそういう重みを感じることが多いです。だから、勝ってみんながよろこんでくれるのがうれしくて。

**四位**　佑介ももう中堅だもんな。そういう思いって、毎年毎年重くなってくるからね。ダービーならなおさらで、そういうものを背負って乗るから、大変だよって言ったの。結局、最後にバトンを渡されるのは俺たちだから。

**佑介**　ダービーの重みかぁ。すごいレースだということはもちろんわかっていますが、その重みとなると、僕はまだ十分には感じられていないかもしれません。

## 武豊騎手との共通点も！　ルメール騎手の騎乗はココがスゴい

**佑介**　以前からずっと思っていることがあって、四位さんにも何度か伝えてきたと思うんですが、長期で海外に乗りに行ってみようという気持ちはありませんか？　僕としては、日本にもこんなにすごいジョッキーがいるんだっていうことを、世界に知らしめてほしいなといつも思っているのですが。

**四位**　もう少し若ければ考えたかもしれないけれど……。年齢的に、もうそういう気持ちにはならないよ。あと、俺は根性がないから。ホントに（苦笑）。佑介はひとりでフランスに行ったんでしょ？　佑介にしろ、タナパク（田中博康現調教師）にしろ、心の底からすごいなと思ったよ。

**佑介**　僕がフランスに行ったことと四位さんに行ってほしいと思うのは、意味合いが違いますからね。僕は勝負をしに行ったというより、修行的な意味合いが強かったので。

**四位** それにしてもさ、思い立ってポンと行けるなんて勇気があるよね。やっぱり、そういう壁を超えると、意識が変わっていくのが見ていてわかる。佑介も「意識高い系」になって帰ってきたもんな（笑）。

**佑介** 四位さんに「お前、そういう空気感を出すなや」って言われたことがありましたね（笑）。

**四位** 言った、言った（笑）。でも、佑介のように苦しい思いをひとりでしてくると、本人の充実感ももちろんあるだろうし、競馬にも当然熱が入ってくる。それは見ていて感じたよ。

**佑介** ありがとうございます。帰ってきてからは、気持ち的にはスッキリしていて、むしろ行く前のモヤモヤしている時期が一番しんどかったです。

**四位** そういう悩みって、けっこう人には言えないものだしな。

**佑介** そうなんです。誰かに相談して共感してもらえれば、そのときは楽になるかもしれないけれど、根本的な解決にはならないんですよね。だから、人に相談するのはちょっと違うのかなと思います。

**四位** そうだよな。それに、見ている人はちゃんと見ているから。俺も佑介の変化は感じ取っていたし、そのうえでアドバイスをしたのが「最後の直線でもっと必死になれ」ということ。「もっともがけ、もっと暴れていいんだ」って言ったよな。

**佑介**　はい、すごく覚えています。「いつも言っていることとは逆になるけど、せっかくフランスまで行って変わってきたんだから、もっと〝俺はここにいるぞ〟というアピールをしろ」と。

**四位**　やっぱり気持ちが大事だし、俺も昔、ある先輩に「スマートに乗ることも大事だけれど、若いうちはゴール前でもっともっともっともがけ」と言われて、ハッとしたことがあるから。佑介を見ていて、そのあたりがまだ足りないのかなと思ったんだよね。でも、最近はだいぶ変わってきたんじゃない？　気持ちが伝わっていると思うよ。

**佑介**　それはもう、必死に追ってますからね。

**四位**　それでいいんだよ、佑介。いつかいい馬がめぐってきてもいいように準備をしつつ、そうやってアピールをしながら波を待つ。若い頃は、大なり小なり絶対に波が来るから。ジョッキーとして成功できるかどうかは、その波に乗れるかどうかが大きいと思う。でもまぁ、いまは大変な時代だよね。どうしようもないというか……。それでも俺は、若い子にも佑介にも「頑張れ、諦めるなよ」と言い続けるよ。腐ったらそこで終わりだから。

**佑介**　はい。日本人であろうと外国人であろうと、勝つジョッキーにいい馬が集まるのは当然の流れですよね。でも、日本の競馬は興業だから、ファンにとってはおもしろくない部分もあるのかな……と思ったり。そう思わせているとしたら、悪いのは乗り替わりを決めている側ではなく、そうさせている自分たちだと僕は思っています。

**四位** そうかもしれないけれど、みんなもう乗り替わりに慣れてしまって、チェンジを告げられても「ああ、そうですか」みたいなところがあるでしょ？ そのあたりがちょっと残念だなとは思う。でもまぁ、クリストフなんかは、やっぱりレベルが違うからなぁ。

**佑介** 四位さん、クリストフの騎乗フォームを、競馬学校の教科書に載せればいいのにって言ってましたよね。

**四位** うん。本当にキレイに乗るし、若い子はみんな彼をお手本にしたらいいと思ってる。（武）豊さんとクリストフの共通点は、直線でブレないこと。バタバタしないというか、いともたやすく馬を動かしているような感じがするというかね。馬の動きに合わせて上手に体を使って、ちゃんと連動している。

**佑介** ミルコ（・デムーロ騎手）も、理想はクリストフだと言っていましたよ。木馬では同じように乗れるんだけど、レースでは気持ちが入ってしまって、同じようにできないって。でも、なるべく理想に近づけるよう、木馬で練習しているそうです。クリストフは、苦しくなってからも自分の重心を残せるのがすごいですよね。

**四位** それは俺も思う。ゴールが近づいてくるにつれ、焦る気持ちとは裏腹に馬の脚は上がってくるから、どうしても重心が前に行ってしまう。でも、物理的に考えると、それでは馬と逆の動きになってしまうわけで。その点、クリストフは最後まで重心を残して、もうひとつ後ろから押すことができる。そこがすごいよね。

**佑介** クリストフいわく、重心の位置を足首で微妙に変えているそうです。それを聞いて、当然同じようにやってみようと思ったわけですが、これがそう簡単ではなくて（苦笑）。

**四位** そりゃそうだよ（笑）。でもいまは、そういうジョッキーと戦っていかなくちゃいけない時代。若い子にとっては、勉強になる反面、本当に厳しい時代だよなぁ。

## ジョッキーをリスペクトし、話を聞いてくれる厩舎スタッフが増えてほしい

**佑介** 四位さんのように大レースをたくさん勝ってきたジョッキーは、ここぞというステップレースを必ずモノにしますよね。そこが本当にすごいなぁといつも思っているんです。

**四位** すごくなんかないよ。それだけその馬が強いということ。

**佑介** いやいや、強い馬を順当に勝たせることがどれだけ難しいか……。

**四位** ああ、それはそうだね。俺もそういう場面に直面したとき、いまでも「どうやって乗ればいいんだろう……」と思うことがある。それはさ、ジョッキーにとって永遠のテーマな

んじゃないかな。佑介はそう言ってくれるけど、そこに俺だけの秘訣とか、そういうのはないよ。

**佑介**　僕が一番印象に残っているのがレッドディザイアのエルフィンS（2009年）で、あのとき四位さん、「佑介、見とけよ。今日ここでこの馬の運命が決まるから。俺は絶対にこの馬はクラシックを勝てる馬だと思ってる。俺の感覚が正しければ、今日絶対にこの馬は勝つから」とおっしゃって。で、実際に勝った。

**四位**　ああ、確かにあのレースで負けていたら、レッドディザイアの運命は変わっていたかもしれないね。エルフィンSを勝ったから、桜花賞1本でいけた。

**佑介**　実際に勝ったこともそうですが、エルフィンSの時点で、すでにGIを見据えていたことがすごいなと思うんです。エルフィンSといえば、まだ2月の頭ですよ。しかも、あの年はブエナビスタがいた。春はブエナに軍配が上がりましたが、秋には実際に秋華賞を勝ちましたからね。その能力を感知するアンテナがすごい。

**四位**　それは佑介、引き出しの数の問題だと思うよ。引き出しの数が多ければ、それだけ感度も上がってくる。さっき佑介が「ディープスカイの調教に乗せてください」と言ってきた話をしたけれど、ああいうことってすごく大事なことでさ。たとえレースでは乗れなくても、調教で走る馬の感覚を知ることは、それだけ引き出しの数が増えるということ。やっぱり〝いい背中〟は、調教だけでもいいから味わっておかないと、絶対に感覚がボケるから。

**佑介**　そうですよね。感覚が鈍るにつれ、ジャッジも甘くなってしまうでしょうし。

**四位**　そうそう、馬に対してジャッジが甘くなる。人間はどうしても、自分の乗る馬は欲目で見てしまうし、その思い込みが不幸の始まりだったりするから。でもね、馬は本当にわからない。俺だって、いまだに読みが外れることがたくさんあるもん。とはいえ、その積み重ねでしか感覚は磨けないと思うから、レースでも調教でも、俺たちは「その馬を感じて」乗るしかない。最近は、馬を感じて乗っていないように見える若手も多いけれど……。本当に大事なことなんだけどな。

**佑介**　それ以前に、「結果を出すこと」を優先せざるを得ない環境がありますからね。

**四位**　でもね、ジョッキーとして、その作業は絶対に必要。若馬ならなおさらね。もうすぐ新馬戦が始まるけれど（取材時）、たとえ次は乗れない可能性があっても、初戦をまかせてもらった以上はその馬を目いっぱいに感じて、のちのち悪影響が出ないようなレースをすることが大事。馬場入りからの行儀も、しっかりと教えていかないといけない。結局は、そういう作業の繰り返しが、自分の糧になるわけだから。

**佑介**　2歳馬の場合、厩舎とのコミュニケーションも大事ですよね。

**四位**　うん、ものすごく大事。それが8割を占めるといってもいいかもしれない。

**佑介** 自分が感じたことをちゃんと伝えて、次に生かしてもらったり。まぁ、それを可能にするためには、まずは僕のことを信頼してもらわないとダメなんですけどね。

**四位** 現実的に、コミュニケーションを取れる厩舎と取れない厩舎があるからね。佑介の言うとおり、結局は信頼関係。ジョッキーが意見を言える環境のなかで試行錯誤できるのが、馬作りにはすごく大事なことだと俺は思う。

**佑介** そうですよね。だから僕としては、厩舎サイドがどうこう以前に、まずはジョッキーとして意見を求められるようになりたい。

**四位** 一番大事なのは、たとえデビューしたばかりの子であっても、ジョッキーはその馬をレースで感じたことのある貴重な人間だということ。実際、アンちゃんであろうがベテランであろうが、「どうだった？」って話を聞いてくれる助手さんもいるからね。理想かもしれないけれど、ジョッキーのことをリスペクトしてくれて、なんでも話を聞いてくれる厩舎スタッフが増えていってくれたらいいなと思うよ。

**佑介** ただ、ジョッキー側の問題として、そういった義務をあまり感じていない若手が多いような……。もちろん結果も大事ですが、いまは〝結果がすべて〟という感じで、次に向けての課題など、意見を求められることが少ないから、考えなくていいと思ってしまっているのかもしれません。

**四位**　それはあるかもね。すごく残念なことだけど。
**佑介**　厩舎のスタッフの皆さんが、プライドを持って仕事をしているのはよくわかるんです。僕は素直にリスペクトしています。ただ、どうしても競馬でしかわからないことも多いから……。そういう数少ないヒントを逃すのは、馬にとってももったいないような気がするんですよね。意見を聞いてもらえないのが嫌だというより、本当にもったいないと思います。
**四位**　そうそう、もったいないよね。だから、もったいない馬がすごくいると思う。
**佑介**　そうですよね。僕も早く信頼を得て、意見を求められるようなジョッキーにならないと。そのためにも、やっぱりＧⅠで結果を出したいです。
**四位**　ＧⅠは縁だからね。ただ、その縁を引き寄せるためには、馬を大事にするのは基本として、馬乗りを追求すること、その気持ちを持ち続けること、なにより諦めないことが一番大事なんじゃないかな。そういう作業を怠ってしまうと、いざ走る馬がポンときたときにチャンスを生かせないからね。でも、いまの佑介なら大丈夫だよ。馬を大事にしているし、ちゃんと考えてもいる。そういう佑介を、ちゃんと見てくれている人が必ずいるから。俺が佑介に望むとしたら、これからもジョッキーであると同時に、ホースマンであってほしいということ。その姿勢を貫いていけば、絶対にチャンスは来る。
**佑介**　ありがとうございます。今日は四位さんとお話しできて本当によかったです。ところで四位さん、僕のこの対談、毎週読んでくださっているとか。
**四位** うん、読んでるよ。俺ね、けっこう昔からnetkeibaのヘビーユーザーだから（笑）。自分が乗った馬を検索して、掲示板のネガティブな意見もちゃんと見てるよ。
**佑介** えっ！　エゴサーチしてるんですか⁉
**四位** そうそう。どんなことを言われてんのかなぁと思って。「見ない」というジョッキーが多いけど、俺はね、全然平気なの。
**佑介** それはすごい！　四位さん、強いっすねぇ〜。
**四位** だって、どう乗っても批判される仕事やから。お金がかかっているしね。だから、どんな意見を見ても、あんまりムカッとはこない。佑介はエゴサーチしないの？
**佑介** 僕は必要以上に探るようなことはしません。まぁ見ちゃうこともあるんですけどね（苦笑）。競馬によっては、どういうふうに見られているのか気になることもあるので、そういうときは見ることもあります。やっぱり人の目も大事だと思うので。
**四位** 俺はね、だいたい日曜日の夜に見るんだけど、次の週に乗る馬が掲示板でわかったりすることがある（笑）。ファンの人は本当に情報が早いよね。なにげに助かってます（笑）！

## 【祝！　調教師合格】再対談（2020年1月）後輩たちのサポートに感謝〝一生頭が上がりません〟

**佑介**　四位さん、調教師試験合格おめでとうございます！

**四位**　ありがとう。とりあえずホッとしたよ。まぁ受かったら受かったでまたやることがたくさん出てくるから、本当に大変なのはこれからだけど。

**――「with佑」には、2017年の春にご出演いただいていますが、あの頃からすでに調教師試験に向けた準備を始められていたんですか？**

**四位**　ボチボチ始めた頃だったかなぁ。でも、本気で切り替えたのは、去年一度不合格になってから。そこからはさすがにいろいろと変えていきましたね。藤沢（和雄）先生に「（調教師試験は）何回も受けるもんじゃないからな。しっかりやることやって、さっさと合格しろ」と言われていたから（苦笑）。

**佑介**　そうだったんですね（笑）。勉強を始めたことは四位さんから聞いていましたが、やっぱり本気で気持ちを切り替えるのは難しいことなんでしょうね。

**四位**　競馬に乗りながらっていうのがね。両立することは、言うほど簡単じゃない。だってさ、競馬は楽しいしおもしろいし、勝ったら勝ったでもっと乗りたくなるし。だから、迷いや葛藤があった時期もあった。

**佑介** 厩舎で助手として働きながら勉強するより時間はあるでしょうけど、ジョッキーはジョッキーで気持ちの面で難しさがありますよね。

**四位** そうだね。確かに時間はあるけれど、じゃあすぐに机に向かえるかといったら、なかなか……。そもそも〝勉強をする〟こと自体、何十年ぶりなわけだから(笑)。

**佑介** しかも、覚えるべきことの量が半端ないですもんね。うちの父親は、調教師試験を受け始めたら、部屋から出てこなくなった。僕ら家族の生活もガラッと変わりましたから。

**四位** わかるわ。俺も大きなテーブルの上にブワーッと資料を広げて、一日中その部屋にこもっていた。

**佑介** いろんな先輩が調教師試験に挑んでいる姿を見てきましたけど、正直、四位さんはそれほどつらそうには見えませんでした。合格したあとも、勉強からの解放感というより、「四位は受かるだろ」という周りからの無言の圧力から解放されたのが一番なのかなと思っていました。

**四位** いやいや佑介、俺だってつらかったよ。

**佑介** でも四位さん、自分のなかに新しい知識を入れていく作業自体は嫌いじゃないですよね？　これまで僕がなにかを聞くと、そのときはわからなくても、必ずあとで調べて教えてくれたじゃないですか。四位さんは昔からずっとそうです。わからないことをわからないままにしない。

**四位**　確かに、気になることは調べないと気が済まないタイプかも。勉強していて思ったのは、こんなに長いあいだ騎手をやっていても、知らないことがたくさんあるんだなということ。もうね、その連続だった。それはおもしろかったね。まぁなにより合格をいただけたのは、周りの応援があったからこそ。後輩たちからのたくさんのサポートがありがたかった。

**――後輩たちというと、先に調教師に転身した元ジョッキーのみなさんですか？**

**四位**　そうです。「わからないことがあったら、いつでも電話してください」って、すごく気に掛けてくれてね。あと、二次試験は面接なんだけど、試験前には、武英智調教師、安田翔伍調教師、調教師を目指している元騎手で弟弟子の今村康成、元ジョッキーの野元昭嘉たちが面接官役を買って出てくれて、質疑応答の練習につきあってくれたり。もうね、彼らには一生、頭が上がりません。本当に感謝です。

## 「調教師になっても楽しそう」と思ってくれたら最高

**佑介** 合格する前と後で、競馬に向かう気持ちが変わったりしました？

**四位** いや、なにも変わらないよ。あと2か月かぁ……とか、そういう感慨深さもあまりないし。ただ、「あと少しで競馬には乗れなくなるんだから」ということで、依頼をくださる調教師さんもいたりしてね。そういうのは、本当にありがたいと思う。あ、ひとつ変わったことがあるわ。競馬を見るとき、前はジョッキーの乗り方に目が行っていたけど、最近はついつい馬具とかを目で追いかけてしまう（笑）。

**佑介** 調教師目線だ（笑）。

**――四位さんの合格の一報を聞いたとき、もちろん「よかった！」と思ったのですが、同時に〝四位洋文〟がジョッキーでなくなることに、ちょっと物悲しさもあって……。後輩として、佑介さんもちょっとそんな気持ちになりませんでした？**

**佑介** いえ、僕は四位さんの気持ちが切り替わっていることをわかっていましたからね。それに、ジョッキーとして、四位さんほどやり切って調教師に転身した人は久々じゃないですか？ やり切って、自分のキャリアに納得して次に移れるなら、それが一番いいと僕は思っていますから。

**四位**　記者会見でも話したけれど、理想はね、後輩のジョッキーたちが調教師になった俺を見て、「自分も目指そう」と思うような調教師になること。自分の身をもって、調教師という仕事の魅力を伝えていきたいと思っているから。後輩たちが「四位さん、調教師になっても楽しそうだな」と思ってくれたら最高だよね。まぁまだ開業してないんだけど（笑）。

**佑介**　開業した途端、ゲッソリしちゃったりして……。

**四位**　「佑介、調教師はやめとけ」みたいな（笑）。自分はまだ実感がないけれど、ジョッキーから調教師になった人は、みんな「競馬に乗れないと思うと寂しくなった」と言うからね。鞭を置くその日まで、いまは思う存分、ジョッキーを楽しむよ。

## 新人調教師がしてはいけないこと!?　先輩たちからの助言

**佑介**　3月からは技術調教師として、藤沢和雄厩舎で研修されるんですよね。

**四位**　うん。藤沢先生には若い頃からずっとお世話になってきたし、プライベートでも可愛がっていただいているから。調教師を目指すとなってからも、いろいろアドバイスをくださった。

**——技術調教師としての1年間をどう過ごし、なにを学ぶか、すでに計画を立てていらっしゃるんですか？**

**四位**　きっちり決めているわけではないけれど、今年は生産地に通ってたくさんの馬を見せていただいて、当然セリにも顔を出して。生産者の方々から、いろいろお話を聞かせていただきたいと思っています。やっぱり馬を見る目を養わないといけないしね。

**——完成された競走馬と生まれたばかりの仔馬では、見方が全然違うといいますものね。**

**四位**　そう、全然違うから。あとは調教師さんの後ろについて、レースに向かうまでの一連の流れなどを勉強する時間になると思う。

**佑介**　四位さんがどんな厩舎をつくり上げていくのか……。僕はもちろん、みんなもすごく興味があると思いますよ。

**四位**　とりあえず、一番大事なのは〝人〟だと思っている。スタッフのモチベーションひとつで馬はよくなると思っているからね。

**——そのあたり、四位さんならではの繊細な感覚をどう伝えて、どう生かされていくのか。すごく楽しみです。**

**四位**　一番大事だけど、一番難しいよね。自分がホースマンとして培ってきたものをスタッフにも伝えていきたいと思っているけれど、みんなすでにプロだからさ。

**佑介**　一般社会で会社を興した場合、当然社長が従業員を選ぶわけですが、厩舎を開業する場合はそうじゃない。従業員を選べない会社みたいなものですからね。そこが一番大変そう。

**四位**　俺もそう思う。自分の理想もあるなかで、プロたちと一緒に一から厩舎をつくり上げていく……すごく大変なことだろうなと思っている。でも、やっぱりまずは人。それは間違いないから。とにかく、みんなのモチベーションが上がるような職場をつくり上げていきたい。難しいだろうなぁと思う反面、おもしろそうだなとも思うんだよ。人をやる気にさせるのは、もしかしたら馬を育てるよりおもしろいかもなって。お手本になる調教師さんもたくさんいるしね。

**——調教師としてスタートしたら、変えていきたい既存のルールなどありますか？**

**四位**　それはあるけれど、いまはまだ言葉にする段階じゃないかな。実際に軌道に乗せるまでには4~5年くらいはかかるだろうしね。最初は引退される調教師さんの管理馬を引き継がせてもらうわけで、いかにそれまでと変わりなくやっていけるかが大事だから。とりあえず決めているのは、最初から張り切らないこと。先輩調教師さんたちによく言われるの、「あんまり最初から張り切るなよ」って（笑）。

## 騎手の起用をストレスに感じないでください

**――佑介さんから〝四位調教師〟になにかリクエストはありますか？**

**四位**　そりゃあ、「たくさん乗せてください」に尽きるよな？

**佑介**　そうですね。期待の新馬に乗せてもらえるようなジョッキーになって、四位厩舎の一番馬をまかせてもらえたら最高です。あとは、四位さんほど乗り手寄りだった人が調教師になるわけですから、僕らジョッキーが好き勝手にいろいろ言うのに対し、「調教師はいろいろ大変なんだよ……。お前らはいいよなぁ、乗ってるだけでさ」って言われたい（笑）。四位調教師からそう言われたときに、初めて四位さんが調教師になったことを実感できるような（笑）。

**四位**　なるほどね。まぁ俺も絶対にそう言うようになると思うわ（笑）。

**佑介**　楽しみにしています（笑）。実際、調教師になるからには、そこのマインドチェンジは大事ですよね。気持ちはわかるけど立場が違う……という状況に早くなってほしいな。

**――佑介さんがおっしゃったように、3月からは立場が変わりますが、佑介さんは〝ジョッキー・四位洋文イズム〟を継承していかなければなりませんね。**

**佑介**　そうですね。僕の馬に対する考え方や接し方のベースをつくってくれたのは四位さんですから。それに、関西ジョッキー界全体として、これまでは〝なにか困ったら四位さん〟というのがあった。たとえば、みんなの意見がまとまらなくて「どうする？」ってなったとき、四位さんのひと言でうまく収まったりとか。「しょうがねぇな」と言いながらも、四位さんはいつも動いてくれました。その四位さんが、少なくともジョッキー界からはいなくなる。だから、後輩たちに伝えていくためにも、自分がより一層しっかりしなければと思っています。

**四位**　関西は先輩がちゃんと後輩の面倒を見ているし、実際、若い子たちがどんどん成長している。いま、すごくいい流れにあると思うよ。そのあたりは俺も安心してる。だからこそ、乗せたい乗り役を乗せられる調教師にならないとダメだよな。

**佑介**　僕もジョッキーとして、馬主さんが「四位くんがそう言うなら……」と納得してくれるポジションにいられるように頑張らないと。

**四位**　「佑介、ゴメン。馬主さんにルメールでって言われちゃって……」みたいな（笑）。

**佑介**　それはもうしょうがない（苦笑）。でも、いまの時代にジョッキーから調教師になる人は、そういうことをストレスに感じちゃダメですよ。気持ちがわかるだけに、切られる側より切る側のほうがしんどいことを実感するシチュエーションが、必ず出てくると思いますから。だから四位さんには、つらいと感じてほしくないです。仕方のないことですから。

**四位**　わかりました（笑）。ジョッキーと同じく、調教師もある程度結果を出さないと言葉は響かない。だから、発言力のあるポジションまで這い上がっていかないと。まさか50歳手前から、もうひと頑張りするとは思わなかったけれど、張り切り過ぎずに精進していくよ。

対談を振り返って

## ずっと目標とし続ける偉大なるホースマン

四位さんが初めて登場してくださったのが2017年5月。それから約3年半という月日が経ち、いまや四位さんは調教師に。アッという間のようでいて、ひとりのホースマンの人生を大きく変える十分な時間が過ぎたんだなぁと実感します。対談のなかでも話しましたが、僕が四位さんから受けた影響は計り知れないものがあり、僕のジョッキーとしてのベースをつくってくださった方といっても過言ではありません。これからもずっと目標とし続ける偉大なるホースマンであり、いまでも悩んだり迷ったりしたときは、遠慮なく頼らせてもらっています。いつか四位調教師が管理する馬でGIを勝てるよう、まずはそういう馬を託されるジョッキーになりたいです。

撮影：山中博喜

2018.2／2019.6

# #05 浜中 俊 with 佑

## 24歳で全国リーディングも、名と実のギャップに悩み

Suguru Hamanaka

1988年12月25日生まれ、福岡県出身。同期は藤岡康太、丸田恭介ら。07年、栗東・坂口正大厩舎からデビュー。09年にはスリーロールスで菊花賞を制し、GI初勝利。11年からフリーに転身。12年には初の年間100勝を達成し、この年の全国リーディングジョッキーを獲得する。19年にはロジャーバローズに騎乗し日本ダービーを制覇する。

JRA通算勝利数（2020年10月5日現在）：1036勝（重賞43勝）

## 「リーディングジョッキーの中身ではない」と思われても仕方がない

**佑介** 900勝達成(2018年2月4日・東京12R)、おめでとう!
**浜中** ありがとうございます。この取材に間に合ってよかった(笑)。僕はいつ「with佑」に出られるんだろうと、ずっと待ってたんですから!
**佑介** この企画が始まった頃から、「いつ呼んでくれるんですか? はよ呼んでくださいよ!」って、いつも言ってたもんな(笑)。確かにハマは、後輩のなかでは一番に呼ぶべき存在なんやけど、なかなかタイミングが……。いろんな意味でね、この900勝がちょうどいいんじゃないかと思って。
**浜中** このお話をもらってから2、3週間あったので、藤岡先輩に「それまでに900勝は達成しておきますね」と宣言していたんですよね。でも、なかなか決められへんかったから、焦る、焦る(笑)。ギリギリ間に合ってホントによかったです。
**佑介** この2年、ジョッキーになってから初めてともいえるつらい時期を過ごしたと思うけれど、今日はそのあいだのことや、そういう時期を経てどう変わったのかなど、あらためていろいろ話したいなと思ってね。NGワードなしで!

**浜中**　もちろんです。なんでも聞いてください。僕、悩んだりしても、あんまり人に話さないんですが、藤岡先輩にはけっこういろいろと話を聞いてもらってきましたよね。

**佑介**　うん、要所要所でね。

**浜中**　藤岡先輩が長期でフランスに行くことを聞いたときも、「どうしよ……」。相談できる人がいなくなっちゃう」って本気で心細かったんですから。

**佑介**　そうなんや（笑）。でも、一番大変だったのはこの2年でしょ。ケガが続いたし、うまくいかへんことも多くて。その都度、話を聞いてきたけど、大変そうやなぁと思ってた。それまでが順調だったから余計にね。だって、リーディングを獲ったのって、24歳でしょ（2012年）？　すごいよ、ホンマに。

**浜中**　正直、「うわッ、獲っちゃった！」っていう感じでしたけどね。結果的に獲ることができましたが、そのうれしさよりも、当時はGⅠを勝てない悩みのほうが大きかったような気がします。実際、「GⅠ未勝利でのリーディングは何年ぶり」と書かれている記事をたくさん目にしましたしね。

**佑介**　それによって、変な気負いが生まれちゃったところはあるかもね。

**浜中**　名と実にギャップがあることをわかっていましたからね。「リーディングジョッキーの中身ではない」と思われても仕方がないなと思ったし、だからそれ以降は、中身が伴った勝ち星を強く意識するようになったのは覚えています。

## 東京新聞杯前後はハマなりに焦りみたいなものが

**佑介** 逆に言うと、リーディングを獲るところまでは本当にトントン拍子で。もちろん、大なり小なり悩みはあっただろうけど、立ち止まることがなかったよね。

**浜中** そうですね。いま思うと、自分でも順調だったなと思います。で、リーディングを獲ったことで、さらにいろいろと欲張るようになって。2015年にGIを3つ（オークス、秋華賞、天皇賞・秋）勝たせてもらいましたが、翌年はどうしても〝それ以上〟を求めたくなって。

**佑介** 2016年は、年明けから落馬があったね（1月24日・中京1R・マーキークラブ）。

**浜中** はい。そこからダッシングブレイズの東京新聞杯（2月7日）と落馬が続いて。あれが騎手生活で初めての大きなケガでした。そこから……まぁいろいろあったなと（苦笑）。

**佑介** ハマをずっと見てきて思うのは、いいときも悪いときもバタバタしないタイプだということ。リズムが悪くなったとしても、流れが来るのを待てるタイプだと思っていた。でも、東京新聞杯前後は、どこかハマなりに焦りみたいなものがあって、競馬でもドッシリ構えられへん時期なのかなぁと思って見ていた。俺、前の年の9月からケガでずっと休んでいたからさ。一歩離れて外から競馬を見ているときに、ハマがなにかバタバタしてるなって思ったんだよね。

**浜中**　やっぱ鋭いですねぇ。

**佑介**　だから、東京新聞杯のようなことが起きてもおかしくなかったのかなって。まぁ、あれはタイミングだし、ジョッキーをやっていればギリギリのところを選択することもある。それがよさでもあるからね。そういう意味では、ホンマにアンラッキーやったなと思うけど。

**浜中**　狭いところに突っ込んでうまくいくこともあれば、当然逆の場合もあるわけですが、あのときは僕なりにイケると思ったんです。でも、それが強引だったんですよね。あの頃はなんかこう……、乗り方も結果も内容も、俺って中途半端だなっていう思いがずっとあって。だから余計に、もっともっとと欲張っていたのかもしれません。それが藤岡先輩にはバタバタしているように見えたんでしょうね。

**佑介**　一度トップを獲った人間からすると、リーディングも2位じゃダメなんだろうし、GIを勝てば勝ったで、もっと勝ちたいと思うのは当然だからね。でも、ハマの場合、現状をどうにかしたいと嘆きつつ、そこを打破するためになにか行動に出たかとなるとそうじゃなかった。そういう意味でも、ハマはバタバタしないから。

**浜中**　そうですね。いまのままではダメだという気持ちはすごくあったのですが。

**佑介**　俺はね、そういうときになにかアクションを起こしていくタイプだけれど、それは人それぞれだから。だって、たとえばトレーニングに力を入れたからといって即結果が出るわけではないし、それでも目に見えない成果を求めてやるべきなのかというと、その人のモチベーションがどこにあるかで違うからね。それに、いくら人に言われても、自分の気持ちが伴わないとまったく響かない。自分のためになると思えないと、なにをやっても結局続かない。

**浜中**　そうなんですよねぇ。どうにかしなくてはと思いつつ、なにをどうすればいいのかわからなくて、ただひたすらもがいていました。まぁ、もがいているという意味では、いまも変わりませんが。

## 事象だけを見ると処分は仕方ない、ただ同じ騎手として気持ちはおおいにわかる

**佑介**　東京新聞杯のケガから5月に復帰して、そこから秋の後半までは順調だったけど……、今度はマイルCS《チャンピオンシップ》※での騎乗停止があって。あれは反響が大きかったよなぁ。ネットの反響も大きかったし、競馬関係者以外の人からも「あの騎乗はどうなの？」とか、たくさ

※2016年のマイルCSで浜中騎手はミッキーアイルに騎乗し勝利するも、ゴール前の斜行により23日間（開催8日間）の騎乗停止処分を受けた。

ん聞かれたもん。ＧＩの怖さをあらためて思い知ったよ。ハマも反響の大きさに驚いたんじゃない？

**浜中**　はい。エゴサーチは怖くてできませんでしたけど（苦笑）。でも、自分でそんなことしなくてもわかるくらいの影響の大きさを感じました。当然、被害を与えてしまった先輩騎手からも指導を受けましたし、裁決からもきつく言われましたしね。表彰式も、正直きつかったです。

**佑介**　あの表彰台の上の、魂が抜けたようなハマの顔が忘れられない。カップや花束を持ってんねんけど、いままでに見たことがない種類の顔をしていた。

**浜中**　またあの日の天気が、なんとも言えへん天気で。僕からすると〝この世の終わりなんちゃうかな〟と思うほど、淀んだ空の色だったんですよ。それに、あの日は嫁さんと子どもも競馬場に来ていて……。だから余計に気まずかったんです。

**佑介**　野次がすごかったみたいだね。でもまぁ、それは仕方がないことでもある。

**浜中**　野次が飛ぶのは当然だと思います。ただ、あの日は嫁さんと子どもがちょうど僕から見えるところにいたんです。だから、僕への野次が、当然子どもにも聞こえていて……。それがきつかったですね。ふつうなら、最後にひと言、ファンのみなさんに向けて話すじゃないですか。でも、あのときばかりは、本当に申し訳なかったんですが、「やりたくないです」

とわがままを言わせてもらって、サーッと帰りました。

**佑介** ハマの場合、家族が競馬場に来ること自体、めずらしいもんね。

**浜中** そうなんです。来る予定も聞いていなかったので、嫌な予感がしたんですが……。

**佑介** 大好きなおじいちゃんが亡くなったことを報告しに来たんだよね。

**浜中** はい。体調が悪いことは知っていたので、エリザベス女王杯の前に会いに行ったんですが、すでに話せないような状態で、その時点で「1週間もつかどうか」と言われていたんです。それでも頑張ってくれていたから、嫁さんには先に僕の実家（福岡県）に行ってもらって、「月曜日に会いに行くから」と伝えてあって。それなのに、マイルCSの当日、福岡にいるはずの嫁さんがなぜか競馬場にいて……。明日行くって言っているのに、なんでわざわざ福岡から来たんだろう、みたいな。でも、表彰式のあと、嫁さんが「じつはね……」と切り出したときには「もうわかってる」と。

**佑介** 俺たちは金曜日の夜から外部とは連絡が取れないからね。

**浜中** 母親からは、「競馬が終わるまでは俊に言わないでほしい」と言われていたみたいで。僕はなにも知らされていなかったから、ひょっとしたらじいちゃんが見てくれているかもしれないと思ってレースに臨んだんです。とにかくあのレースは勝ちたかった。ホンマにがむしゃらでした。

「とにかく勝ちたかった」その思いが強く出てしまったというゴール前（撮影：榎田ルミ）

**佑介**　気持ちのコントロールができなかった？

**浜中**　情けないけど、そのとおりです。馬はまったく悪くないし、ただただ僕の気持ちが引き起こしたことです。とにかく残したくて、もう必死でした。そのうえで扶助がちゃんとできていればよかったんですけど……。それができていなかったことで、たくさんの人にご迷惑をかけてしまって。

**佑介**　あの事象だけを見るとね、確かに動いているし、実際に邪魔になっているから、処分は仕方がないと思う。プロなんだから、真っ直ぐ走らせろという意見もごもっとも。ただ、同じジョッキーからすると、気持ちはおおいにわかる。逃げ馬ですでに脚が上がっている、でもゴール前で接戦、なんとか残したい…という思いで、必死になって残しにかかったところでの動きやから。しかも、背景にそういうおじいちゃんのことがあってさ。

**浜中**　まぁこういう話をすると、「じいちゃんのせいにしやがって」と思われるかもしれませんが、正当化したいわけではないんです。制裁を受けたのは、僕の未熟さ以外の何物でもないので。ただ、あのときの自分の頭のなかには、本当にそれしかなくて……。じいちゃんがいなかったらジョッキーになっていませんし、いろんな意味で、僕の人生の道をつくってくれた人だったから。

**佑介**　そういう特別なレースだった、ということやね。大変な日やったんやなぁ。

**浜中**　火葬が終わった直後にレースが始まったらしく、僕が勝ったことで、みんな泣いてよろこんでいたみたいですけどね。でも、審議になって、「あれ？　あれ？」みたいな（苦笑）。表彰式を見た母親が、「こっちも葬式が終わったばかりやけど、あの子も葬式みたいな顔してるわ」って言っていたらしいです。

**佑介**　さっきも言ったけど、ホンマに「この世の終わり」みたいな顔してたわ。おじいちゃんが亡くなったことをなんとなく察しつつ、騎乗停止になった不甲斐なさと、家族が見ている前での野次と……。表情が失われるのもわかるよ。でも、その騒ぎが収まらないうちに、今度はフィリーズレビュー※の一件があって。

**浜中** あれはもう……。正直「俺、終わったな」と思いましたね。

## もう騎手を続けていく自信がない……先輩にもらした本音

**佑介** ハマがレーヌミノルで騎乗停止になった日は、俺、中京で乗っていたんだよね。帰りのタクシーで一緒だった四位さんに、「落ち込んでいるはずだから、明日にでも会いに行って慰めてきますわ」なんて話していたら、さっそくハマから「もうジョッキーを続けていく自信がないです」っていうメールが来て。

**浜中** その日の競馬が終わってすぐに、「辞めたいです」ってメールしましたもんね。あれはホントに下手くそに乗ってしまって……。

**佑介** へこんでいるところに申し訳ないなと思ったけれど、そのメールの返事では、けっこうキツイことを言わせてもらった覚えがある。「若い頃から雑なところがあるし、そういうことの積み重ねでこういうことは起きるんだ」というような。

**浜中** 自分ではどうしようもできなかったから、優しい言葉をかけてほしかったのに(苦笑)。

**佑介** あのときばかりは、ちょっと慰めたくらいで簡単に浮上してくるとは思えなかった

※2017年のフィリーズレビューでレーヌミノルに騎乗した浜中騎手は最後の直線で斜行し、8日間(開催4日間)の騎乗停止処分を受けた。

から。

**浜中**　まぁ、そのとおりなんですけど。次の日、手土産を持ってウチに来てくれたんですよね。

**佑介**　俺、精神的なお見舞いに行ったのは、あれが初めてだったよ（笑）。いやぁ、あのときは本当にへこんでたよね。ホンマに辞めてしまうのかなと思った。

**浜中**　もう完全に自信がなくなってしまって……。僕はもともとコンプレックスだらけで、いつも他のジョッキーを見て、「きれいだな」とか「上手だな」とか「あんなふうに乗りたいな」とか思っているんです。リーディングを獲ってすごいねと言われても、自分の理想とする騎乗とはまったく違って、ただただコンプレックスばかりが大きくなっていった。そんななかでの騎乗停止2連発ですからね。〝腕もなければ、かっこよくも乗れない。しかも、あれだけ気をつけなければと思っていたのに、またやってしまった。このままではホンマに人を落としてしまう、ケガをさせてしまう〟と……。俺はもう乗らへんほうがいいって本当に思いました。

**佑介**　あのときも話したけれど、普段からどんなにきちんと乗っていても、すべてのジョッキーに人を落としてしまう可能性、誰かに落とされる可能性があるわけで。あくまで俺の考えとして、万が一命を落としたとしても、「この人に落とされたなら仕方がないな」と思える相手なら納得できるんじゃないかという思いがある。だから、自分も普段からきちんと乗らなくてはいけないと思っている……というような話をしたんだよね。

**浜中**　はい。藤岡先輩の話は響きました。響いたけど……、さらにまた落ち込んで（苦笑）。

**佑介**　それができひんから困ってんねん！　みたいな（笑）。

**浜中**　これまでジョッキーをやってきて、あんなに落ち込んだこと、苦しんだことはないです。それまで順調に勝たせてもらって、リーディングも獲らせてもらって、GⅠもたくさん勝たせてもらって……。初めて味わう苦しみだったので、どうしたらいいのか本当にわかりませんでした。でも、自分を省みるなかで、順調だったばかりにちょっと偉そうなところもあったかなと思ったり。

**佑介**　調子こいちゃってたなと。

**浜中**　はい。順調に来ているから許されていた部分、甘やかされていた部分もあったと思うんです。だから、そういうところから気をつけていこうとか、とにかくいろいろ考えましたね。まぁそんな感じで少しずつおとなに……（苦笑）。

**佑介**　まさにいま脱皮中だもんな（笑）。

**浜中**　僕ね、ここ2年はほとんど取材を受けていなかったんですよ。netkeibaさんからも、ミッキーアイルやミッキークイーン絡みで取材依頼をいただいたんですが、お断りしていました……。絶対に騎乗停止の話題になるじゃないですか。それがどうしても嫌で。でも、藤岡先輩をはじめ、いろいろな方に「もっとちゃんと対応しなくちゃダメだ」と言われて、自分でもそうだなと。フィリーズレビューのあと、メディアに対して取った僕の言動もよくなかったですしね。

**佑介**　「もういいでしょ」だっけ？

**浜中**　そうです、そうです。「もういいでしょ」と言ってしまったんです。ホント、子どもですよねぇ。反省しています。

**佑介**　その話を聞いたとき、それだけ追い込まれてたんだなと思った。だって、普段のハマなら、絶対にそんなこと言わないもん。俺からすれば、そこは察してやれよって思ったけど。

**浜中**　いやいや……。悪いのは自分なのに、わがままばっかり言ってちゃダメだなって思いました。気持ちの整理がついて初めてわかりましたけど、結局、自分が自分を一番受け止められていなかった。だから、初心に返って自分を見直すという意味でも、今回はお話しさせてもらうことにしたんです。

## 子どもの自信とおとなの自信　本物の〝自信〟とはなにか

**佑介**　ハマとこうやって深い話をするようになったのは、リーディングを獲る少し前からだよね。それまでは横のつながりが中心で、俺にとっても「康太の同期」という立ち位置だった。だから、ハマの内面はよく知らなかったんだけど、すごい勢いで勝っていたし、競馬を見ていても迷いがないから、よっぽど自分に自信を持ってるヤツなんやろうなと思ってた。

**浜中**　全然違います。僕ね、すごくポジティブな人間だと思われるんですよ。

**佑介**　だろうね。いろいろ話すようになってから意外と自分に自信を持っていないことを知って、ちょっとビックリしたもん。考え方もどちらかというと保守的で、「あ、なんかこいつ、人間ぽいな」と思った。なにかがあったときも、悪いほうの可能性を先に口にする。

**浜中**　はい。よく〝天真爛漫〟とか〝強気〟とか言われるんですけど、実際はそう見せているだけ。レースの前も、自分の頭のなかにいいイメージをつくっていくというより、ダメなイメージばかりを考えてしまうタイプなんです。

**佑介**　それは昔から？

**浜中**　そう、昔から。さっきも言いましたが、本当の僕はコンプレックスばかりだし、そもそもネガティブだし。みなさんが抱いているイメージとは全然違うんです。ただ、自信は常にあるんですよ。たとえば誰かのレースを見て、「絶対に俺のほうがうまく乗れる」と思うこともあります。それを自信と言っていいのかどうかわかりませんが、そういう気持ちは持つようにしています。そうそう〝自信〟については、藤岡先輩からめっちゃ感動するメールをもらって……。

**――もしよかったら、その内容を教えていただけませんか？**

**佑介** いつも思っていることなんですが、「自分を信じる」と書いて自信じゃないですか。若い頃の自信は、「自分はできる、やればできる、だから自分を信じる」という自分の内面から勝手に湧き出してくる自信だと思うんです。でも、そういう自信は、いろいろ経験していく過程で失われてしまったりする。でも、そこで踏ん張って頑張っていると……。

**浜中** 自分を信じてくれる人が現れる、ですよね。

**佑介** そう。そういう人たちの思いを大事にすることで、「自分を信じる」自信ではなくて、「自分を信じてくれる」という意味での自信を得られるようになる。そうやって得た自信は、自分の内面から生まれる自信より揺るがないような気がするんだよね。ただでさえ波のある仕事で、精神面も否応なしにその波にさらされるけれど、「自分を信じてくれる人のためにやれることをやっていく」という強い気持ちがあれば、あんまり自分のなかに波が立たないというか。

**浜中** それこそ本物の自信ですよね。

**佑介** うん。「子どもの自信」と「おとなの自信」じゃないけれど、いろんな経験を経て、そういう種類の自信もあるなと思う。それを身につけることができれば、精神的に揺るがなくなっていくんじゃないか……という考えに至ってから、気持ちにブレがなくなった――という話をメールしたんだよね。

**浜中** はい。〝むちゃくちゃええこと言うやん！〟と思って、すごく感動しました。僕ね、いつでもそのメールの文面を見られるように、画像としてスマホに保存しているんですよ。

**佑介** マジで⁉

**浜中** （画像を見せながら）ほら、見てください。もらったのが2017年3月25日だから、あのフィリーズレビューの2週間後ですね。このメールを初めて読んだとき、マジで涙が出ましたから。

**佑介** そういう自信をつけていくために、普段から大事なことを忘れずに取り組んでほしいなと思って送ったんだけどね。俺もものすごく大事にしていることだから。

**浜中** あのときの自分には、藤岡先輩のそういう思いがすごくスッと入ってきて、素直に「そうだよな」と思えました。いまでも本当に時々見ていますから。

**佑介** ここまで深い話はめったにしないけどな。

**浜中** そうですよね。藤岡先輩に限らず、ご飯を食べに行ったり飲みに行ったりしても、まじめな話はまったくしませんものね。でも、僕にとっていざというときは、やっぱり藤岡先輩なんですよねぇ。

**――浜中さんにとって佑介さんは本当に大きな存在ですね。お見舞いや先ほどのメールなど、佑介さんの鼓舞や励ましもあって、徐々に立ち直っていった感じですか？**

**浜中**　もちろん藤岡先輩の存在は大きかったです。ただ、もともとレースに乗り出したらパッと割り切らなければと思っていたので、ある程度は切り替えることができました。やっぱり〝勝ちたい〟という思いになりますからね。

**佑介**　レース直後は本気で「辞めたい」と思ったんだろうけど、それも一時の気持ちだったな。

**浜中**　はい。絶対に辞めません（笑）。ただ、いまでもやっぱり怖いですよ。自分には大きなレッテルが貼られているわけなので、そのレッテルと向き合っていく怖さというのは、正直、いまでもあります。お客さんに野次られたり、厩舎関係者に「ヨレるなよ」とか言われると、そのワードだけでもビクッとしてしまう。

**佑介**　完全にトラウマだよね。

**浜中**　そうですね。そんななかでも、ダッシングブレイズでエプソムC（2017年）を勝てたことは救いになりました。あの勝利はすごくうれしくて、インタビューのときも込み上げてくるものがあって……。最近のなかでは、僕にとって一番大きな〝1勝〟だったかもしれません。

## いまは次に波が来たときに、結果を残せる下地をつくる時期

**佑介**　今日はこの2年をじっくり振り返ってきたわけだけど、この時間を経て、自分で変わったなと思うところ、変えていきたいなと思っていることはある？

**浜中**　いままでもこれからも、「少しでも速く走らせる」という軸は変わりません。そのためにどうするべきかは、毎回毎回考えながら、いろいろ試しながら、試行錯誤していくしかないと思っています。変わったところは、もっともっと人も馬も大事にしなければいけないと、より強く思うようになったことですね。もちろん、これまでも大事にしていたんですよ。でも、一生懸命走ってくれる馬がいて、そこに一生懸命乗っている自分がいて、そんな人馬に携わる関係者の方々がたくさんいて……ということを、もっともっと考えなくちゃいけなかったのかなと思うんです。

**佑介**　いろいろな経験をすると、結局みんなそこにたどり着く。

**浜中**　そうですね。変えていきたいところは、自分はイメージが先行しているような気がしているので、ちょっとそのイメージが崩れてほしいなと……。

**佑介**　どう崩したいの（笑）？

**浜中**　ん〜、たとえば、受け答えがちゃんとしているとか、爽やかとか（笑）。全然そんなんちゃいますし。家族にもよく「お前はホンマに美化されている」って言われるんですよ。

**佑介**　なるほど。確かにハマのインタビュー記事とかを見たら、そういうイメージを持つかもしれない。俺も実際、そういう記事でハマの成長を感じたりするからね。ま、その一方で、普段とのギャップがものすごいんやけど（笑）。

**浜中**　でしょ？　だから、「ｗｉｔｈ佑」のこの記事では、もっと僕を汚してください（笑）！

**――そう言われましても……（苦笑）。でも、コンプレックスを感じていたり、ネガティブだったりっていうのは、ちょっと意外でした。それだけでもファンのイメージは変わると思いますよ。**

**浜中**　それが本当の僕です。シャーッとスマートに勝つのもかっこいいし、泥臭く勝つのもかっこいい。でも、自分の騎乗は、いつもかっこよくない………。

**佑介**　俺だって同じだよ。でもね、人それぞれできることとできないことがあるから。俺はできないことを無理してやろうとせず、持ち合わせている武器で戦っていくことをテーマにしている。無理したところで体が痛くなるだけ（苦笑）。

**浜中**　自分は武豊さんに憧れてジョッキーになったんですけど、まず体型が違うので、「あいうふうに乗りたい」と思ってもそのとおりには乗れないんです。でも、藤岡先輩と違って、僕は無理にでもそうしたいなって思っちゃう。ま、レース中は忘れちゃうんですけどね。

**佑介**　そりゃそうだよ。フォームなんてさ、もう完全に抜け出して、「絶対に差されへん！」という状況じゃないと考えられへん。大概のシーンでは、横にも後ろにも前にも馬がいるわけで、かっこつけている場合じゃないからね。競馬のことは二の次、くらいまで割り切らないと、理想のフォームでなんてなかなか乗れない。いまは、次に波が来たときに、結果を残せる下地をつくる時期だと思う。ハマの場合、技術はすでに証明されているわけやから、あとは気持ちだけだよ。

**浜中**　気持ちかぁ。僕は常に焦っていますからね。けっこうあの……、情緒不安定かもしれない（笑）。

**佑介**　それは違うやろ（笑）。馬もまた回り出すし、絶対にもう1回、波が来るから。大切なのは、その波に乗れるか乗れないか。俺もまさにいま、その波をつかもうともがいているところだよ。

**浜中**　そういえば、僕の知り合いもね、「佑介くん、調子いいね」ってみんな言ってますよ。

**佑介**　そう言ってもらえるのはありがたいけれど、いまの成績で〝調子がいい〟と言っているようじゃダメだと思う。

**浜中**　わかります。だから僕は、藤岡先輩の話になったときはいつも言うんです。「いまだけみたいに言うけど、いつもどおりやし」って。
**佑介** ハマが今後目指すのは、やっぱりリーディング？
**浜中** もちろんリーディングです！
**佑介** もう1回獲ったらホンマにすごいと思う。実際、期待されているわけだからね。関西からやっと出た豊さん以来の……まぁ、スター性があるかどうかは別として（笑）。
**浜中** そこ、言いますか（苦笑）。
**佑介** まぁ、本当にいろいろあってさ、いまはハマに対してマイナスな声が目立ってしまっているけど、大多数の人は期待しているし、実際、表面に出てこないプラスの声のほうが本当は大きいわけで。そういう人たちが声を大にして「浜中俊のファンです！」と言えるように早くなればいいよね。
**浜中** はい、頑張ります！
**佑介** 昔ね、成績が落ち込んだとき、馬主の田畑勝彦さんに「最終的に同じところに立つとしても、いきなり頂点に駆け上がる人生より、苦労して一歩ずつ階段を上っていったほうが絶対にいい景色が見えるから」と言われたよ。
**浜中** いい言葉ですね。次に見えているのは1000勝の大台です。いろいろありましたが、こういう時期があったからこそたどり着けたと思えるように、馬と人に感謝しながら成長できたらいいなと思っています。

## 【祝！　日本ダービー制覇】再対談（2019年6月）ジョッキールームは「浜中！　浜中！」の大合唱

**佑介**　ハマ、ダービー優勝（ロジャーバローズ）、おめでとう！

**浜中**　ありがとうございます！

**佑介**　おもしろい展開になったなと思って見ていたけど、正直、今年は上位人気3頭が強いと思っていたから、まさか粘り切るとは……。後輩たちは直線の半ばあたりで「浜中さん！　浜中さん！」って叫んでいたけど、あのペースだったこともあって、俺はまだ「まさか……」という気持ちが強くて声は出なかった。でも、さすがに残り100mくらいで「ここまで来たら勝てー！」って叫んだわ（笑）。もう京都のジョッキールームは「浜中！　浜中！」の大合唱だったよ。

**浜中**　うれしいですねぇ。ホントにありがとうございます。

**佑介**　ゴールした瞬間は、みんな「やったぁー！」みたいな感じだったよ。でも、そのあとハマがずっと内を見ていたでしょ？　だから今度は「どこ見てんねん！」で盛り上がって（笑）。

審議のランプが点いているかもしれないと思って掲示板を見るパターンはあるけど、ハマの場合はずっと1頭で走っていたし、ゴール前も際どくなかったのに。

**浜中**　ですよね。自分でもよくわかりません。確かにふつうなら勝ったと確信できるくらいの着差でしたが、あのときは心のなかで「たぶん残っているな」と思いつつ、一方で「いや、ウソだろ⁉」という思いがあって。それで内を見たり外を見たり……。正直、パニックでした（笑）。

**佑介**　そうだろうなぁ。だってダービーだもん。あとさ、なぜかずっと下唇を噛んで変な顔をしてたよな。俺はずーっとそれが気になってた（笑）。

**――下唇を噛むことで、涙をこらえていたのでは？**

**浜中**　いえ、そうじゃないんです。パニックになると、そういう顔をしてしまうんですよね。ただの癖です（笑）。それくらい自分でも驚きが強くて。「まさか……」という感じでしたから。

## リオンリオンが外枠に入ったことでの勝機

――レース後のインタビューでは、「イメージしていたプランのなかで、一番理想的な形になった」とおっしゃっていましたね。あらためてレースを振り返っていただけますか？

**浜中**　はい。もともとリオンリオン（7枠15番・15着）がハナに行くだろうとは思っていたんです。しかも外枠だったから、かなり押していってくれるのではないかと。

**佑介**　逃げたい馬が外枠から押していくと、そのぶん全体のペースも速くなるもんね。

**浜中**　そうです、そうです。僕としては、ペースが流れたうえで、その後ろで脚をタメるのが理想だったので。僕自身が逃げるのも選択肢のひとつではあったんですが、できれば逃げたくはなかったので、リオンリオンが外枠に入った時点でやりやすくなったなと。実際、僕にとって一番いい展開になりました。

**――離れた2番手を追走し、向正面《むこうじょうめん》では浜中さんご自身も3番手以下を突き放す形に。あれは意図したものだったんですか？**

**浜中**　いえ、意図的に離したわけではないんですが、こちらが待つ展開にはしたくなかったので、自分からどんどん行こうとは思っていました。そうすることで、後ろに脚を使わせる展開に持ち込みたかった。

**佑介**　確かにあの展開になったら、後ろは脚を使わざるを得ない。まさに読みどおりだったわけだ。

**浜中**　はい。結果的に単騎先頭みたいな形になって、馬もストレスがなかったぶん、息も入りました。

**佑介** 直線も、後ろを待たずに攻め切った感じだよな。

**浜中** 直線に入ったら、もうガンガン行こうと思っていたので。前走の京都新聞杯で初めて乗せてもらったんですけど、そのときもバテずに頑張ってくれましたからね。だから、差されてもしょうがないと腹をくくってガンガン攻めることができました。

**佑介** そこが勝因だと思うよ。そうやって攻めの騎乗に徹したことで、ロジャーバローズの持てる能力と特性を最大限に引き出した。たぶん、直線で少しでも後ろを待っていたら勝てなかったと思う。それに応えた馬も強いよね、ホントに。

**浜中** それはもちろんです。馬に力がなければ、あの展開で勝ち切るのは難しかったと思います。でも、もし僕の馬が人気馬だったとしたら……。

**佑介** もうちょっとジックリ乗るよな。

**浜中** はい。あんなに早いタイミングでは追い出せなかったでしょうね。そういう意味では、人気がなかったからこそ思い切って乗れたというのは正直あります。

**――断然1番人気のサートゥルナーリアがテン乗り（初騎乗）で、その点も注目を集めたダービーだったと思うのですが、先ほど「前走もバテずに頑張ってくれていたから」と言及したように、やはり前走の経験、そこで得た感触は大きかった？**

**浜中** そうですね。今回のダービーでいえば、前走で乗っていてよかったと思うシーンが多々ありました。

——直線以外だと、具体的にどのシーンですか？

**浜中**　一番は1コーナーまでのスピードの乗せ方ですね。前走で操縦性が高いこともわかっていましたから、加減の想像もついて、アプローチがしやすかったです。

**佑介**　ダービーの1コーナーはどうしてもゴチャつくから、そこでその馬に合ったアプローチができるのは大きいよね。僕がもしテン乗りでロジャーバローズに乗って、あれだけいいスタートを切ったら、リオンリオンが見えへんところから来ていたことを考えると、たぶんハナを取りに行っていたと思う。で、外から（横山）武史が来て、中途半端に競って、もっとペースが速くなって。そうなったとしたら、直線ではもう脚は残っていないよね。

**浜中**　そうかもしれませんね。

**佑介**　でも、ハマは1コーナーに入る時点で2番手と決めて抑えていたから、切り替えが早かったし、馬が落ち着くのも早かった。それを見て、当たり前なのかもしれないけど、「ああ、ちゃんとプランを持って乗っているんだな」と思ったよ。だから、勝ったこと自体にビックリしたとしても、「勝ってもうた！」というレースではない。やるべきことをきちんとやって、チャンスをモノにした。それにしても、いくら人気がなかったとはいえ、ダービーという舞台で一番やりたかった競馬ができたというのは本当にすごいこと。逆に言うと、そうじゃないと勝てないレースなんだろうな。

## 師匠への勝利報告は、涙で会話を続けられなくなり……

**——戸崎（圭太騎手）さんは、昨年（2018年・エポカドーロ）に続く僅差の2着。その悔しさたるや察するに余りありますが、ゴールした直後、そんな戸崎さんに浜中さんは……。**

**浜中**　「僕、勝ってます？」って2回も聞いてしまいました（苦笑）。いまはそんな自分に対して「空気読めなさ過ぎ！」って思っていますけど、あのときは僕も相当テンパっていたので……。でも、戸崎さんは馬上でもすぐに握手をしてくれて、検量室に戻ってからも、もう一度握手してくれたんです。

**佑介**　そのときの画像が話題になってたね。戸崎さんにしてみれば、去年も今年もめちゃくちゃ上手に乗ってはって、それでも届かへんかったわけで……。悔しいなんてもんじゃないと思うよ。でも、戸崎さんはそれを見せない。ホンマに紳士だと思う。すごいよね。

**浜中**　はい。いつでも紳士ですよね。

**佑介**　そういえば戸崎さん、このコラムを読んでくれているらしいので、この場を借りまして……「ご出演、お待ちしてます！」（笑）。

**――しっかりアピールしておきましょう（笑）。戸崎さんと浜中さんの握手のシーンも話題になりましたが、もうおひと方、浜中さんのダービー制覇をより感動的なものにしてくださったのが、師匠である坂口正大先生です。当日は「競馬ＢＥＡＴ」にご出演されていて、うれしさのあまり言葉にならない先生の姿が多くの競馬ファンの胸を打ちました。**

**浜中**　僕もあとで映像を見ました。現役の頃はもちろんですが、引退されてからも常に気に掛けてくださっていたので……。本当によかったなって、僕もうれしくなりました。

**佑介**　先生にはどのタイミングで報告したの？

**浜中**　競馬場からの帰りの車のなかで、真っ先に電話しました。そうしたら「テレビで泣いてしまって……。会話ができひんかったわ」とおっしゃって。そのあと「お前の声を聞いたらまた……」と言葉に詰まったので、僕もなにも言えなくなりました。お互いに会話を続けられない感じでしたね。

**佑介**　ええ話やなぁ。

**浜中**　そういえば、僕が自厩舎で初めて勝った馬がシャイナムスメという馬で、なんとロジャーバローズと同じ飛野牧場の生産馬なんですよ。

**――それはまた縁を感じさせるサイドストーリーですね。大手の生産牧場ならめずらしいことではありませんが、飛野牧場は個人経営の牧場ですから。**

**佑介**　それこそホンマに縁やなぁ。

**浜中**　ですよね。しかも、前走の京都新聞杯は、もともと四位さんが乗る予定だったんですけど、四位さんが騎乗停止になってしまったことで、急きょ僕に依頼が来たという経緯もあって、ものすごく縁というものを感じました。

**佑介**　競馬って不思議だよね。ヴェロックスも最初はハマが乗っていて、「いいところまで行ける馬です」という話をしていてさ。実際、そのヴェロックスが3強の一角としてダービーに出てきたわけで。

**浜中**　まあ、ヴェロックスが乗り替わりになったときは、めっちゃ落ち込みましたけどね(笑)。それこそ4月の時点では「今年のダービーは乗れないな」と思っていたくらいですから。今回のダービーを経験して、あらためて競馬は最後までわからないなと思いました。

## ダービーの夜はダービージョッキーと過ごしたい

**――浜中さんにとって、去年はデビュー以来初めて重賞勝利が途切れた年でもありました。苦しい時期を経ての大金星です。**

**浜中**　重賞については、勝てへんことを考えるのも嫌で、逆に考えないようにしていました。

それこそ重賞に乗る機会自体も減りましたし、ＧＩの騎乗なんてもっと減って。そういうことも含め、自分自身のなかで触れないようにしていたというのは正直ありましたね。

**佑介**　触れないようにしていた時点で気にしていたっていうことやな。

**浜中**　……すっごい気にしてました（苦笑）。

**佑介**　ここ数年、ハマが苦しんでいるのを近くで見てきたから、レース後のインタビューで「苦しい時期もあったので……」みたいなことを言い出したら、ちょっと泣いてしまうかもと思ってたんやけど、そこ言わへんかったから我慢できた（笑）。

**浜中**　おじいちゃんの泣ける話をしたんですけどねぇ（笑）。

**――佑介さんにとっては、初めて後輩からダービージョッキーが誕生したわけですが、やはり心情的に複雑なものがありますか？**

**佑介**　うらやましさはもちろんありますが、今回はハマだったこともあって、嫉妬的な感情はないです。純粋によかったなぁと思うし、ハマにとって流れを変える大きなきっかけになるだろうなと思っています。令和初のダービーを30代の日本人ジョッキーが勝ったというのも、なんか〝新時代突入！〟みたいな感じでいいなって。いいダービーだったと素直に思いますよ。

**浜中**　そう言っていただけるとうれしいですね。

**佑介** 俺、ホンマはね、東京に駆けつけたかったんだよ。やっぱりダービーを勝った日の夜はジョッキーにとって特別だと思うし、その特別な高揚感に触れることで自分のモチベーションも高まるから、「ダービーの夜はダービージョッキーと一緒にいたい」と昔から思っていて。

**――実際、関西から駆けつけた年もありましたよね？**

**佑介** ありましたね。だから今年も行きたかったんだけど、どうしても行けへんくて。

**浜中** 次の日、ゴルフだったんでしょ！　ゴルフと僕のダービーと……。

**佑介** どっちが大事かと言われたら、そりゃあゴルフが……冗談です（笑）。

**――佑介さんも負けていられませんね。**

**佑介** ホントですね。その前に、やっぱりダービーには乗っていないと。今年は自分で自分に「なにしてんねん！」と思いましたよ。ダービー前日の葵S（京都）で同期の４人（藤岡佑騎手、川田騎手、吉田隼騎手、津村騎手）が顔を揃えたときも、「ここで顔を揃えている場合じゃない。やっぱダービーで戦わんと！」なんて話をしていて。そうしたら津村が、「えっ？ダービーは今日じゃねーじゃん」とか言い出して（笑）。

**浜中** そういう話じゃなぁーい（笑）！

**佑介** そうそう、あくまでモチベーションの話をしていたのに（笑）。でも来年こそはね、同期とダービーダービーの舞台で戦えればいいなと思ったよ。今日は忙しいところ、時間を割いてくれてありがとう。最後にあらためて、ダービー優勝、おめでとう！

**浜中** ありがとうございます！ 祝勝会は一度と言わず、二度、三度……いや、10回くらい開いてもらっても大丈夫ですので、藤岡先輩、よろしくお願いしますね（笑）。

対談を振り返って

## ライバルとして、よき相談相手として

２０１８年2月、２０１９年6月と、二度にわたって登場してくれたハマ。後輩のなかでは一番近い存在だっただけに、連載開始当初から「早く僕も『ｗｉｔｈ佑』させてくださいよ～」と言われていました（笑）。ただ、騎乗停止が続いたり、落馬があったり、ハマもいろいろありましたからね……。そんな苦しい時期の思いを明かしてくれたのが最初の対談で、あらためて若くしてスターダムを駆け上がったゆえの苦悩を感じました。そんなハマが、２０１９年にはダービージョッキーに。状況を劇的に好転させるのはなかなか難しい時代ではありますが、これからもライバルとして、よき相談相手として（笑）、一緒に頑張っていけたらと思っています。

提供：netkeiba.com

2019.3

# #06 福永祐一 with 佑

## ジョッキーとしてのふたりはキャラ被り!?

Yuichi Fukunaga

1976年12月９日生まれ、滋賀県出身。父は名手・福永洋一元騎手。96年北橋修二厩舎所属でデビュー（現在フリー）。同年JRA賞最多勝利新人騎手に輝く。99年にプリモディーネの桜花賞でＧＩ初制覇を果たした。また、香港のクイーンエリザベス２世カップ（02、03年エイシンプレストン）、アメリカンオークス（05年シーザリオ）など海外ＧＩでも活躍。11年には自身初の全国リーディングを獲得した。

ＪＲＡ通算勝利数（2020年10月5日現在）：2355勝（重賞144勝）

## 怒っているところをあまり見たことがない

**佑介**　祐一さん、今日はよろしくお願いします！　のっけからなんですが、僭越ながら、祐一さんと僕はキャラが被っているところがあるような気がしていて……。そう思いません？

**福永**　まぁそうやね。俺も「佑介とはキャラが被ってる」って人に言ったことがあるかも（笑）。たとえば、騎乗センスにあふれた天才肌ではないところとか（苦笑）。だからこそ、たくさん考えて、人一倍頭を使って乗るしかないというところで、ざっくりタイプを分けると一緒かなって思う。

**佑介**　僕は性格的にも感じるところがあって、自分のやり方や考えを、時代や状況に合わせていけるところも似ていますよね。祐一さんは絶対にB型だろうなと思って調べたら、ホンマにB型やった（笑）。

**――福永さんは、ご自身のことも含め、常に俯瞰でものを見ている印象があります。時代や状況に自分を合わせていけるけれど、決して巻き込まれないというか。**

**福永**　最初から自分を貫き通して通用するのであれば、それが一番だと思います。本音を言えば、自分もそうありたい。でも、自分はそういうタイプではないことが早くからわかっていたから、時代に合わせて変化をしていかなければと思ってやってきた。そうしなければ、置いていかれるだろうなという危機感はずっと持っています。

**佑介** 祐一さんは、ここ10年くらいで「自分にはセンスがない」とか口に出すようになったじゃないですか。でも、悲観してそう言っているわけでは決してなくて、それ以外に〝芯〟があるからそう言えるんだろうなと思って。本当はそう思っていないんじゃないかと感じるくらい、自信が伝わってくることもありますしね。どちらにしても、僕がデビューした頃の祐一さんとは、だいぶ印象が変わっていますが。

**――佑介さんがデビューしたのが2004年。福永さんは当時27歳で、高松宮記念（サニングデール）やオークス（ダイワエルシエーロ）を勝ち、翌年にはラインクラフトやシーザリオで年間GI5勝と、すでに押しも押されもせぬスタージョッキーでした。当時の福永さんは、デビュー間もない佑介さんにはどう映っていたのですか？**

**佑介** 怒っているところをあまり見たことがなかったので、穏やかで波がない先輩という印象でしたね。当時、トップジョッキーの方たちは特にピリピリした雰囲気を醸し出していたような記憶があるんですが、そんななかでひとりだけ、無邪気に楽しく馬に乗ってる先輩、みたいな（笑）。

**福永** その頃はそうだったかも（笑）。

**佑介**　でも、北橋（修二・元調教師）先生と瀬戸口（勉・元調教師）先生が引退されたあと、エイシンドーバーで京王杯スプリングCを勝ったじゃないですか。そのときのインタビューで、「これでもうちょっとジョッキーを続けられそうです」と話している祐一さんを見て、これだけ実績があって地位を確立しているジョッキーでも、こんなに思い悩むことがあるんだなって思ったんです。

**福永**　あの頃は、目に見えて成績が落ちてたからね。重賞で勝ち負けできる馬の騎乗依頼も減ったし……。

**佑介**　あのときの祐一さんの姿が僕の支えになっているところもあります。悩んだときに、「あの祐一さんですら、思い詰めることがあるんだから……」と、自分を納得させたことが何度かありますから。どれだけ実績があっても、どの位置にいても、みんなそういうものなんだなって。そうやって自分の状況を受け入れて、ここまで頑張ってきたような気がします。とはいえ、当時そこまで思い詰めているとは思わなかったので、ちょっとビックリしたところはありましたけど。

**福永**　人に相談したりしなかったからね。もうホントにジョッキーを辞めようかなと思っていた。

## 佑介騎手が福永騎手に、一番近づきにくかった時期

――その後、2011年（地方成績を合算するJRA賞の最多勝利騎手は岩田康誠騎手）、2013年と全国リーディングジョッキーに。当時の福永さんには、20代後半の頃とはまた違う印象がありますか？

**佑介**　そうですね。自分を鼓舞するというのか、急に発言が強気になった時期ですよね。それまで祐一さんのそういう姿を見たことがなかったので、ずいぶん変わったなぁと思っていました。あえてそうしていたとあとで知ったんですが、キャリアのなかで一番、祐一さんに近づきにくかった時期ですね。

**福永**　こういう性格やから、リーディングを獲るためには自分を変える必要があった。

**佑介**　そうだとすると、すごい自己プロデュースだと思います。

――自分を変えるためにということでは、フランスに修行に行かれたり、佑介さんも大きな決断をされてきましたよね。そこから数年を経て、昨年（2018年）NHKマイルCでついにGⅠ初制覇。そこに至るまでの佑介さんの変化について、福永さんはどう見ていましたか？

**福永**　佐藤（哲三）さんの影響が大きいのかなと思って見ていました。馬の動かし方や競馬の組み立て方など、佐藤さんからの影響がずいぶんいい方向に出ているのではないかと。

**佑介**　細かいコーチングを受けたわけではありませんが、確かに哲三さんの影響は大きいです。僕も祐一さんと同じように理論的に考えたりもしますが、なにが正しいのか、いまひとつわかっていないところがあって。そういうときに、僕の騎乗について理論的に説明してくれるのが哲三さんなんです。

**福永**　独自の哲学を持っている人やけど、俺には佐藤さんの言うことがよくわかる。佑介もそうだと思うけれど、俺も応援してくれているのが伝わってきて、すごくありがたいよね。

**佑介**　哲三さんは、志半ばで辞めざるを得なかったから、どこか目を掛けていた後輩に託したいという思いがあると思うんです。僕はそのあたりも感じて、僕が結果を出すことが哲三さんのモチベーションになるのであれば、少しでも頑張りたいなと。そういう気持ちもあって、定期的にお話をさせてもらっているんです。

**――福永さんのことも本当に応援されていて、ダービー※（2018年・ワグネリアン）を勝ったときには涙が出たとおっしゃっていましたよ。**

**福永**　そうなんや。そういうのを聞くと、なんかうれしいよね。

**佑介**　僕も祐一さんがダービーを勝ったとき、相当泣きましたけどね！

※福永騎手はダービー騎乗19回目の挑戦で初制覇。2020年にコントレイルで二度目の制覇を果たした。

2018年の日本ダービーをワグネリアンで優勝、悲願達成に涙した（撮影：下野雄規）

**福永**　なんで（笑）⁉

**佑介**　騎乗停止中だったので自宅で見ていたんですが、祐一さんが込み上げている姿を見たらもう……。もともともらい泣きしやすいんですけど、そのなかでも祐一さんの涙はなかなかお目に掛かれるものではありませんからね。

**福永**　そうかぁ。『はじめてのおつかい』を見て、いつも泣いてるんやけどな（笑）。

## 祐一さんの隣のゲートはホントに……

**佑介**　祐一さんは、総合力の高さはもちろんですが、なかでもスタートの技術に関しては群を抜いていますよね。その都度アドバイスをもらっていますが、はぐらかされることもあるので、いつも盗み見ています（笑）。

**福永**　若い子には具体的なアドバイスをすることもあるけれど、佑介は同じステージで戦っているから、細かいことまでは言えない。簡単には習得できないような技術ならまだしも、そうじゃないから余計にね。

**――「スタートのコツに関しては、1から10まで理論的に説明できる」とnetkeibaのコラム「祐言実行」でも書いていらっしゃいましたよね。**

**佑介**　全然説明してくれない！　たまに「さっきの俺のスタート、見た？」とか言って、自慢されることはありますけど（笑）。まぁ僕もすべてを教えてもらえるとは思っていないから、核心に迫るような質問はしませんけどね。

**福永**　俺ね、ゲートが開く瞬間がスローモーションで見えるときがたまにあるの。ふつう、フライング気味のスタートのときは、だいたい人間の体が遅れてしまうんだけど、スローモーションで見えるときは、それに合わせて自分の体も出していける。

**佑介**　それはすごい。スタートは、一瞬にして静から動に移る行動だから、気持ちの面がすごく大きいと思うんです。その点、おそらく祐一さんは「自分が一番速い」という自信を持っているから、それだけ余裕があるのではないかと。要するに、「出遅れたらどうしよう」みたいな不安が微塵もないというか。

**福永** 確かに「一番の秘訣は？」と聞かれたら、佑介の言うとおり、出ると信じて疑っていないことかもしれないなと自分でも思う。

**佑介** そう思えるのは、技術的な裏づけがあってこそですよね。馬はゲートを出たあと、誰もいないほうに行こうとするじゃないですか。だから、祐一さんの隣のゲートはホントに嫌です。ひとつ外に祐一さんがいるケースなんて最悪ですよ（苦笑）。

**福永** ミルコにもよく文句を言われるわ。「お前が遅いからや」っていつも返すんやけど（笑）。

**佑介** それに、出遅れた場合、ふつうは「ヤバい！」と思って取り返そうとするじゃないですか。でも、祐一さんは絶対的な自信があるから、たまに出遅れても平然としてる。「これは誰が乗っても無理やな」みたいな。そういう気持ちの余裕があるから、逆に出遅れがいい結果に結びついたりもするし。

**福永** 確かにスタートに関しては、俺が乗って出ない馬なら、誰が乗っても無理やろくらいの気持ちで乗っているかも（笑）。

**――福永さんは、出遅れたあとのリカバリーにも長けていますよね。東京新聞杯（2019年・インディチャンプ1着）ではめずらしく出遅れましたが、その後、まったく無理せずスーッと上がっていったように見えました。それこそ、音もなくという感じで。**

**福永**　ジャンプスタートでしたね。あれでも自分のなかでは促していったほうなんですけど。

**佑介**　あとね、祐一さんが乗ったあとの馬は、ゲートを出るようになるんですよ。馬にちゃんと伝わっているんでしょうね。ホントにすごいと思う。

**福永**　また違う騎手が乗った場合、むしろ出遅れてくれたほうが俺の優位性が伝わるんだけどな（笑）。

**佑介**　祐一さんからしてみればそうでしょうけど、ちゃんと馬に伝わっちゃってますから（笑）。現代の競馬において、なによりもスタートが大事だと僕は思っているので、ホントに祐一さんの技術は盗みたい。好スタートを切れば、好きなポジションを選べますからね。

**福永**　引退してからなら、いくらでも伝えられるよ。

**佑介**　教えてもらえるなら、ちょっとお金を積んでもいいくらい（笑）。それくらい聞きたい。いろいろ試行錯誤されてきたのは見ていてわかりますが、いまはかなり完成形に近いんじゃないですか？

**福永**　うん。でも、この1、2年でまた変えたりもしているし。去年（2018年）あたりに取り入れたことがホントによくて、さらに速くなった感じ。でも、正直な話、スタートの改善は調教師の仕事だと俺は思っている。実際、ジョッキーの操作ミスによる出遅れは少ないんだけどね。

**――ファンにはなかなか伝わらないところですよね。**

**福永** そうですね。もちろん、いろんなケースがありますが、ゲート内での駐立の悪さが出遅れにつながる大きな要因ですから。ゲートが開いているのに反応しないケースは論外だし。

**佑介** わかります。ゲートが苦手な馬を出すのがうまいジョッキーだとしても、それにしたって原因の半分は馬ですからね。

**福永** そうそう。でも、ゲート練習は馬にストレスが掛かるから、調教師としても難しい選択なのはわかる。まぁジョッキーとしては、ゲートが悪い馬をいかにして出すか、そういう技術を突き詰めるのもおもしろいところではあるけどね。

**佑介** ゲートの基本として、日本では「馬が出ていくタイミングに人が合わせて出遅れないように」と教えられるじゃないですか。でも、祐一さんは基本的に、自ら「出しにいってる」と思うんです。そこが技術なのかなと。

**福永** ただね、出なくていいときにも出てしまうのが困る（苦笑）。追い込み馬のときとかね。

**佑介** あえて出遅れさせればいいじゃないですか（笑）。

**福永** いや、そういうタイプの馬は、ゲートもふつうに遅いんだろうなと思っていたら、ポンと出てしまったりするから（苦笑）。もちろん出遅れさせることもできるんやけど、たまにそういう弊害がある。

## 発信をやめたきっかけのひとつはチャンピオンズC

**――福永さんがダービーを勝ってから早10か月。ダービーを勝つ前と後では、やはり気持ちの面で違いますか？**

**福永**　当然違いますね。いまは楽しんで乗りたいという気持ちが強いです。でも、こうやって「楽しみたい」とか言うと、誤解する人が多くて。

**佑介**　わかります。「楽をしたい」と履き違える人がいますよね。

**福永**　そうそう。本気で楽しむためには、それ相応の努力が必要だということをわかっている人が少なくて。「楽しむ」ということに限らず、自分の意図がうまく伝わらないこともあるけれど、最近はそれでも仕方がないかなと思ってる。

**佑介**　なにか心境の変化があったんですか？　祐一さんといえば、「祐言実行」をはじめ、僕たちの先頭に立って発信し続けてきてくれた代表的な存在だと思っているのですが。

**福永**　きっかけはひとつではないけれど、例を挙げれば、チャンピオンズCで負けたときに（ケイティブレイブ11着）、「直線に向くと西日が当たって、それを嫌がっている感じだった」とコメントしたでしょ。俺からすると、これはおもしろいと思って話したんだよね。なぜなら、これだけ長く馬に乗ってきて、馬が西日を気にすることを初めて知ったから。もちろん、それまでにも西日を嫌がって能力を発揮できなかった馬がいたんだろうけど、ケイティブレイブにはずっと乗っているからこそ気づけた。そういえばパドックや返し馬のときも様子がおかしかったなと考えたら、全部西日が直で当たっているときだった。でも、そのコメントをして以来、パドックとかで「西日は大丈夫かぁ〜」とか野次られるわけで。

**佑介**　ジョッキーにしかわからない情報として、ファンのためにもなるだろうという気持ちで伝えたのに。

**福永**　そうなんだよ。だってさ、西日が力を発揮できない要素になるなんて、生き物ならではじゃない？　そういうことを踏まえて競馬を見たほうがおもしろいかと思ってコメントしたんだけれど、それを茶化されたりすると……。

**佑介**　「もういいや」ってなりますよね。

**福永**　うん。関係者だけに伝えればいいかなと思ってしまう。だって、「今日は残念でした。調子はすごくよかったし、4コーナーまでは手応えも抜群だったんですけどね」とかで済ませることもできるんだから。

## 情報を積極的に提供するのは義務だと……

**佑介**　そうですよね。当然、そんなこともあるんやなって素直に受け止めてくれるファンもたくさんいると思います。でも、ネット上も含めて、声に出すのはそうではない人たち。そういう人たちの声が表に出てきてしまうのが、いまの社会なんですよね。

**福永**　そういうことが繰り返されると、自分が感じたことを発信する意味を感じなくなるわけよ。だって、そういう人たちには「新手の言い訳を考えたな」くらいに思われているわけでしょ（笑）。

**――ファンに対してレース中に感じたことを伝えるのもジョッキーの大事な仕事のひとつかと思いますが、そこで〝言い訳〟をする必要性はまったくないんですけどね。**

**福永**　そうなんですよ。ケイティブレイブの話だけじゃなく、これからの参考にしてもらえれば……というつもりでいろいろ発信してきましたが、そう受け止めてもらえないとなると、どうしても発信する意味について考えてしまいますよね。

**佑介**　祐一さんは長い間、「ファンにもっと競馬を知って、もっと楽しんでもらうためにはどうすればいいか」という責任感を持って、十分発信してきたと思いますよ。

**福永**　どれだけ貢献できたかはわからないけれど、そうすることが責務だと思っていた。俺たちが発信する情報は、ファンにとって予想ファクターのひとつになるわけでしょ。それを加味して馬券を検討し、実際に買ってくれることで売り上げが生じる。そこから俺たちの賞金が出ているわけだから、情報を積極的に提供するのは義務だという気持ちがあった。でも、年齢的に残されたジョッキー人生はそう長くはないわけだから、このあたりで自分が楽しむことに専念したいと思うようになった。だから、コラムをやめたこともそうだけど、いまはメディアの取材からもちょっと距離を置いている。
ただ、ジョッキー側からの発信は誰かがやらなければいけないことだとは思うから、佑介がこうしてコラムをやってくれていることは大きいよ。俺はもういいかなって思えたから。

## 一部の人たちのせいで情報を得るチャンスを失うのはもったいない

**佑介**　僕もこのコラムを初めて丸3年（2019年4月時点）になりますが、いまと比べて成績が伴っていない頃に始めたので、最初の頃は「なに偉そうなことを言ってんだよ」とか実際に言われたこともありました。ただ、僕の場合は、この対談をとおして自分が成長していく姿を見てほしいという思いもあって始めたことなので、逆に「いまに見てろよ」と思えましたけどね。当然、祐一さんのような考えになるのもわかるし、僕自身、同じように思っていた時期もありました。でも、よく考えたら、茶化したりするのってほんの一部の人たちなんですよね。

**福永**　そうなんだよ。ネットでいうと、実際に書き込みをする人は人口の1パーセントくらいらしいから。

**佑介**　ですよね。多くの競馬ファンが情報を求めているはずですし、素直に受け取ってくれる人もたくさんいるはずなんです。それに、僕はまだ発信することをやめようと思う年齢ではありませんから。だから、祐一さんのように、疲れた人たちの代わりになれればと（笑）。

**福永**　頼むよ、佑介。さっきも言ったけれど、誰かがやらなければいけないことだと思うから。

**佑介**　競馬って、〝点〟ではなく〝線〟で考えないと、コンスタントに馬券を当てるのは難しいと思うんです。〝線〟で捉えるには、やっぱりジョッキーが発信する情報というのは重要で、一部の人たちのせいでその情報を得るチャンスを失ってしまうのはもったいない。それでなくても競馬界は閉鎖的な社会なので、祐一さんの代わりになれるかどうかはわかりませんが、僕なりに発信し続けていきたいと思っています。

**――さきほどメディアとは距離を置いているとおっしゃっていましたが、ダービーを勝ったときのように、〝ここぞ〟のときは取材を受けてくださるんですよね？**

**福永**　ダービーのときはさすがに受けましたね。でも、〝ここぞ〟のときなんて、もうないんじゃないですか？　自分の言葉できちんと発信しなければいけないのは、あとは引退するときくらいかな（笑）。

## チャレンジしている人を笑う人間は、なにもチャレンジしていない

**――福永さんは、今年でデビュー23年目を迎えられたわけですが、ご自身の経験を踏まえて、若い世代に伝えたいことはありますか？**

**福永**　仕事で成果を出すには、自分を客観視できる目が必要だと思いますね。そのうえで、なにをすべきかを具体的にして、それに対してどう取り組んでいくのかを明確にする。若くて未熟ということは、当然できないことのほうが多いわけで、だからこそ課題を明確にしやすいと思うのですが、実際に取り組んで変化しているのを感じるジョッキーは少ないような気がします。

**佑介**　悪い意味ではなく、競馬に携わっている人のほとんどが、競馬には乗ったことがないので、そういう人たちに伝わるように変化を見せることはすごく大事ですよね。

**福永**　俺もそう思う。依頼があって初めて成立する仕事だから、依頼する側に変化を見せて

いかないと。しかも、パッと見たときに「あれ？」って目に留まるくらいじゃないと俺はダメだと思う。その点、この前すごいなと思ったのが（横山）武史。たぶんオイシン・マーフィーにいろいろ教えてもらったんだろうね、すごく乗り方が変わっていた。独特の乗り方だから茶化して見ている人間もいたけれど、俺は「すごいやん」と思った。ちょっとアドバイスされたくらいではなかなか変われない人が多いなか、武史はそれを実行できるセンスがあるんだなって。

**佑介**　若いって素晴らしいですよね。誰かの真似から入るにしても、毎週騎乗スタイルが変わっていたりしますから。実際、武史は小倉の３週間のあいだに乗り方が変わっていました。

**福永**　だよな。しかも結果につながっている。それにしても、佑介は本当によく人を見てる。武史の変化でいえば、俺はたまたま気づいただけで、佑介は同じ場所で乗っていないのに武史が毎週変わっていることに気づいていた。人に興味があるのと同時に、ジョッキーという仕事が好きなんやなぁと思う。

**佑介**　人には興味がありますね。僕の場合、好きか嫌いかじゃなくて、興味があるか、興味がないかです。祐一さんは、祐一さん自身は変化していますが、人に対するスタンスは若い頃から一貫していますよね。なにか相談したときは明確な答えを提示してくれる一方で、僕がそれをできない理由を話すと「それもそうか」と絶対に受け入れてくれる。「お前の意見なんて聞いてない！」って言われてもおかしくないのに。

**福永** 先輩だって後輩だって、その人の人生だから。俺も自分がやっていることが正しいかどうかなんてわからないけれど、少なくとも正しいと信じて取り組んでいる。みんなもそうだと思うから、それに対して間違っていると言うのは違うと思うんだよね。コーチをつけたとき、俺のことをバカにしている人間もいたけど、俺は頑張っている人のやり方を否定することは絶対にしない。

**佑介** 祐一さんのコーチは馬に乗ったことがない人だから、最初は「馬に乗ったことのない人間をコーチなんかにして」とか言っている人がたくさんいましたよね。でも、祐一さんは気にすることなく、しっかり結果につなげてきましたから。

**福永** いろんな人がいるけど、昔から人がやっていることをあだこうだ言いながら笑っている人間には絶対に負けないと思ってる。変化を求めてチャレンジしている人を笑う人間は、なにもチャレンジしていないから。だから笑う。自分がチャレンジしていれば、その大変さがわかるから、笑えないはずなんだよ。だから、笑っている人間が多いうちは逆に安泰だなと思ってずっと見ていた。

## いまが楽しいから、まだ引き際は想像できない

**佑介**　そもそもマジメに騎乗論を語ってバカにされなくなったのは、ここ10年くらいですよね。僕らがデビューした頃、そういう話をしていたのは本当に一部の人だけでしたもん。

**福永**　結局、確立された理論がなにもない時代だったから、話したくても話せなかったんだと思う。いまもまだ途上であって、成熟していない。でも、海外のトップジョッキーが乗りに来るようになって、一気に成熟することを求められるようになった。それに対応できる人と、なかなか対応できない人に分かれてきているように思う。

**佑介**　そうですね。僕はいまの競馬がめちゃくちゃ楽しいです。打ち負かさなくちゃいけない人たちがたくさん乗りに来ているから。

**福永**　わかる。すごいジョッキーたちと一緒に乗るとワクワクするもんな。パドックを周回しているときに、ライアンがいてボウマンがいてクリスチャンもいてビュイックまでいる！とか思うと、本当にワクワクする。

**佑介**　しかも、一緒に乗っていれば彼らに勝つこともあるわけで。それがいいですよね。

**福永**　うん。すごくいい環境だと思う。なにしろ短期免許で乗りに来るジョッキーのレベ

ルがすごいからね。そんななかで、いまは本当に1レース1レースに集中できているし、楽しみながら乗れている。「今日はええ天気やなぁ、最高やなぁ」と思いながらゲートインしてる(笑)。そういう機会が本当に増えたね。

**佑介** その境地には、まだまだたどり着けそうもないなぁ(笑)。

**福永** まだたどり着かなくていいんだよ。いまの佑介は、ガツガツと結果を求めていく時期なんじゃない?

**佑介** そうですね。最後にお聞きしたいんですが、祐一さんはいま、セカンドキャリアについてはどう考えていますか?

**福永** ふつうにいけば調教師なんだろうけど……。なんだかんだ30年近くこの世界にいるからね。人生一度きりだと思うと、ほかの世界に可能性を求めたい気持ちもある。

**佑介** わかります。僕もハワイでツアーコーディネーターとかやってみたいなと思いますもん(笑)。

**福永** 具体的やな(笑)。

**佑介** でもいま、自分ができるなかで、ジョッキーよりおもしろい仕事はないと思うんです。

**福永** 興味と可能性があれば、あらゆる選択肢があるのは間違いないよね。たとえば今後、誰かと出会って影響を受けるなかで、調教師以上に興味を持てる仕事が出てくるかもしれない。ただ、本当にいまはジョッキーという仕事を楽しめているから、いつまで続けようかとか考えることもなくなった。辞めるとしたら、それは楽しめなくなったときだろうなと思うけれど、いまはまだその状況を想像できないかな。

## プレーヤー目線で発信し続けること

2019年の3月に、満を持しての登場となった祐一さん。同じnetkeiba内で連載していたコラムが終了し、ちょうど1年が経った頃でした。「なぜメディアと距離を置くようになったのか」など、発信を続けてきた祐一さんならではの思いは、非常に興味深かったです。そのときに、祐一さんから「佑介、頼むな」と言われたのが、こうしてプレーヤー目線で発信し続けることでした。対談では、「辞めるのは楽しめなくなったとき」という話も出ましたが、最近の祐一さんは、「脂が乗り切るとはこういうことか！」と膝を打ちたくなるほど。「想像できない」とおっしゃっていたセカンドキャリアが、さらに遠のいたのではないでしょうか。

提供：netkeiba.com

2019.4

# #07 三浦皇成 with 佑

## 先輩騎手も心配した、デビュー1年目の〝三浦皇成狂騒曲〟

Kousei Miura

1989年12月19日生まれ、東京都出身。08年にデビュー。同年にフィフスペトルに騎乗して函館2歳ステークスを勝利し、重賞初制覇。この年は武豊騎手の持つ新人年間最多勝記録も更新した。09年に英国で行われたTOTESPORT.COMハンデキャップでロイヤルダイヤモンドに騎乗して、海外初騎乗を勝利で飾る。14年にはディアドムスに騎乗して全日本2歳優駿を勝ち、統一ＧⅠタイトルを獲得。

JRA通算勝利数（2020年10月5日現在）：844勝（重賞14勝）

## 良くも悪くも周りにおとながい過ぎた……

**三浦**　ジョッキー同士の対談は初めてなので、ちょっと緊張しています……（苦笑）。

**佑介**　初めて⁉　そうか……確かに皇成がジョッキーと対談しているのは見たことがないかも。昔から単独の取材が多いもんね。

**三浦**　そうですね。（福永）祐一さんの回もそうでしたが、競馬に対する考え方とか「ｗｉｔｈ佑」は勉強になることが多いです。そんなことを考えながら見ていたら、競馬好きな友達に「お前、そろそろ『ｗｉｔｈ佑』来るぞ」って言われて、本当にその3日後くらいに今回のオファーが来たんですよ（笑）。

**佑介**　それはすごいタイミングやな。皇成は基本的に話すのが好きだから、対談は向いているかもね。黙れって言っても喋っているタイプ（笑）。

**三浦**　はい（笑）。

**――今回は平成最後の「ｗｉｔｈ佑」です。皇成さんは、まさに平成元年生まれですよね。**

**佑介**　ということは、皇成ももう30歳か……。自分で年を取ったなぁとは思わないけど、後輩が30歳とかなんかビックリするわ（笑）。

**三浦** そうですよ、今年の12月で僕も30歳になるんですよ。だから、平成生まれといっても全然若くない。だって、もうすぐ〝令和生まれ〟が出てきちゃうんですから。

**――おふたりは所属こそ関東と関西で分かれていますが、昔から夏の北海道で交流があったんですよね。**

**佑介** そうですね。僕らのさらに上の先輩たちが、よくご飯に連れていってくれたりして。

**三浦** 当時の北海道では、どちらかというと関西の先輩たちと一緒にいることが多かったかもしれません。

**佑介** それでなくても、皇成にはみんな注目していたからね。言うまでもなく、デビュー当時の勢いはものすごいものがあったし、俺も「いや〜、勝つなぁ」と思って見てたよ。なにしろ新人の頃からふつうにうまかったし、函館2歳Sを勝ったのもデビューした年だったよね？

**三浦** はい。フィフスペトルで勝たせてもらいました。

**佑介** あのレースを見て、うまいなぁと思ったもん。新人なのに、すでに勝ち方をわかっていたというかね。あの頃の北海道といえば、いわゆる重鎮たちが上位を占めていて、いくら大型新人とはいえ北海道では好きにさせないぞ、みたいな空気感だったにもかかわらず、終わってみれば「アイツ、すげー勝つな」みたいな(笑)。

デビュー当日の特別戦で初勝利を挙げた三浦皇成騎手（撮影：下野雄規）

**三浦**　1年目でいえば、その空気感に気づかなかったのがよかったのかもしれません（笑）。おかげでがむしゃらにいけたので。でも、すごく怒られたりもして、いま思えば勉強になりましたね。

**佑介**　でもまぁいくらうまかったとはいえ、1年目にあれだけ勝ったことで、2年目からが難しくなるだろうなぁと思ってたよ。乗せる側の期待はどんどん大きくなって、当然いい馬がどんどん回ってきて……。

　皇成は当時から受け答えとかもしっかりしていたけど、やっぱりまだ子どもだったし、良くも悪くも周りにおとながい過ぎたよね。いろんな方面から人が集まり過ぎているように見えたし、俺たちにはわからない大変さがあるんだろうなぁっていうのはすごく感じていた。

**三浦** いま思えば、1年目は完全にキャパオーバーでしたね。

**佑介** だよな。かといって、関東と関西で離れていたからこまめに面倒を見てあげることもできなかったし、俺も含めて関西のジョッキーたちは、なんとかうまく育っていってくれたらいいなぁと思って見ている人が多かったと思う。

ただ、そのあと皇成が抜け出してこられなかった現実を見て、「あれだけのスタートを切った皇成が一気にトップまで行けなかったということは、今後しばらくベテランを脅かす存在が出てくることはないだろう」っていう話をしていた。

**――さきほど佑介さんが「いろんな方面から人が集まり過ぎた」とおっしゃっていたように、ホントに〝三浦皇成狂騒曲〟というような騒ぎっぷりでしたからね。そういった状況に一番戸惑っていたのは、ほかでもないご本人では？**

**三浦** いきなり世界がガラッと変わったので、ついていけなかったというのが正直な気持ちです。なんていうのか、いろんなことをただこなしているような感じで……。

だから、たられればですけど、馬に乗ることだけではなく、人との接し方だったり受け答えだったり、その後の対応だったり、一つひとつの事柄に対してもっと誠意をもって対応するべきだったなとすごく思うんです。いま思い返すと、本当に反省すべきことばかりです。ただ、いま話したようなことを当時の僕に言っても無理だったでしょうね。

**佑介**　うん、そうだと思う。俺が皇成と同じ状況になったら、確実にもっと浮かれていたと思うし。

**三浦**　僕も、周りのバックアップと勢いだけで飛び出してしまったことをわかっていた一方で、いい馬がどんどん回ってくるようになったことで、やはり過信もあったと思います。でも、いい馬というのは、それだけ扱いが難しいんですよね。そういうトップホースたちに、まったくもって対応できませんでした。

**佑介**　それを感じたのはいつ頃？

**三浦**　もう2年目の春くらいには感じていましたね。1年目の終わり頃に「これからは本場（中央開催）で乗る」と決めて、実際にそうしていたんですけど、周りは僕に対してたくさん勝っているイメージを持っているから、本場でも勝ち負けの馬が回ってきたんです。

でも、そういう馬は競馬の組み立て方も全然違うし、そもそも返し馬での扱いからして違う。そういう違いに本当に対応できなくて……。当時は毎週毎週、週末がくるのが憂鬱でした。

## マスコミ恐怖症にも……武豊騎手にまつわる〝あの発言〟の真相

**佑介**　さっきデビュー当時を振り返って「もっと誠意をもって対応していれば……」って言っていたけど、俺は皇成のことを生意気だと思ったことは一度もないよ。確かに発言に重みはなかったかもしれない。でも、それが本人のせいではないこともみんなわかっていたからね。
　覚えているかどうかわからないけど、当時、あまりにも取り巻きのようなおとなたちが多かったから、「本当に皇成のためにと思ってくれている人かどうか、ちゃんと見極めたほうがいいよ」って言ったことがあるよな。

**三浦**　はい。もちろん覚えています。

**佑介**　人間どうしてもね、自分のことをよく言ってくれる人のほうに流れてしまうけど、いいときは人が集まってくるもの。そんななかでも、自分のことを本当に思ってくれている人を見極めて、大事にしたほうがいいよってね。それは俺自身、いつも思っていることで。

**三浦**　佑介さんのおっしゃるとおり、年々僕の周りから人が減っていきました。対人恐怖症と言っていいのかどうかわかりませんけど、一時期は「この人は何を求めて僕のそばにいるのかな」って、人に対して疑いから入ってしまうことが多かったです。

でも、僕がそう思っていた時点で、相手の僕に対する第一印象もよくないですよね。そういう流れもあって、「いま、僕という人間は変な見方をされているな」という空気は感じていました。

**――注目を集めれば集めるほど弊害が伴いますからね。とはいえ、20歳そこそこのジョッキーにとっては、さぞかしつらかったでしょう。**

**三浦**　注目してもらえることに関しては、本当にありがたかったんです。そういう時期があったからこそ、成績が落ちてもつながってこられたというか。

ただ……、やっぱりつらい時期はありました。しかも、その時期が長かったです。自分としても、1年目を超えなければという気持ちが常にあったし、競馬もとにかく「勝たなければ」の一心で。結果的に目先の勝利にとらわれて、流れが悪くなっていったような気がします。

**佑介**　皇成がしんどかった時期は俺もしんどかったから、あんまり人のことを心配している余裕はなかったんだけど、ジョッキーとして、皇成がいま話したようなことはすごくよくわかる。このままじゃダメだと思えば思うほど、「結果を出さなければ」という思いにとらわれてしまうよね。俺もまったく同じ悩みを抱えていた時期があったよ。

ただ、俺と皇成では期待のレベルが違った。なにしろ皇成の場合、2年目からは当然のようにリーディング争いに加わってくるだろう、豊さんの記録を超えたというのはそういうことなんだろうという見方をされていたからね。まぁ本人が一番感じていたことだと思うけど。

**三浦**　騎手を目指して頑張っていたときを思うと、豊さんは神様のような存在でした。だから、その人の記録を超えたと言われても、なんの実感も湧かなかったというか。僕からすれば、ただ1年目の記録を超えただけで、なんでここまで……という感じでした。

そう思いながら2年目に入ったんですけど、やっぱり僕自身かなりプレッシャーがあって、「豊さんはこういうプレッシャーにすべて打ち勝って、いまの地位を築かれたんだな」と思ったときに、あらためて豊さんのすごさに気づかされました。いまもそうですが、この先、なにひとつ敵うことはないだろうなと感じましたね。

**佑介**　その心境は、皇成にしか見えない景色かもしれないなぁ。そういえばデビュー当時、皇成が「豊さんが乗っている馬に乗れば全部勝てる」みたいな発言をしたって話題になったじゃん。皇成がそんなこと言うわけねぇーだろ！　って思ってたけど（笑）。

**三浦**　ありましたね（苦笑）。ただ、その言葉に近いようなことは確かに言ったんです。その前に、「馬に乗ったら先輩も後輩も関係ないので、どの騎手と乗ろうが負けないつもりで乗っている」という話をしたら、「武さんと乗っていてもですか？」「武さんと同じ馬に乗ったらどう思いますか？」みたいなことを聞かれて。それで「騎手としては、全部勝つくらいの気持ちじゃないとダメ」というつもりで答えたんですけどね。

**佑介**　先輩だろうと、負けないという気持ちで乗るという精神論の話だよね。

**三浦**　そうです、そうです。でも、話の流れのなかで前後を端折られてしまって……。僕も伝え方が下手だったのかもしれないですけど、それにしたって「豊さんが乗っている馬に乗れば全部勝てる」なんて、僕が言うわけない（笑）。でも、そこだけうまく抜かれて伝わってしまったんですよね。

**佑介**　怖いわ（苦笑）。

**三浦**　ですよね。僕としては、「自信を持って乗らないと、自分を選んでくれた人に失礼になるから」というつもりの発言だったんです。ちょうど豊さんの記録を超えたときの取材だったので、その場で豊さんの名前が出てくるのは仕方がないとしても、あとから記事になったときは「やられた……」と思いましたよ。

**佑介**　それは人間不信になるわ。俺でも間違いなく、なる。

**三浦**　まぁそのぶん、うれしいことも楽しいこともたくさんあったので……。その代償だと思えば（笑）。そのバランスが取れているかどうかは微妙ですけど（苦笑）。

**佑介**　いまだにマスコミ恐怖症みたいなところはある？

**三浦** レース後のコメントなどでも、あまり余計なことはしゃべらないようにはしています。もちろんきちんと話はしますけど、変な伝わり方をしないように、すごく言葉を選んでますね。

**佑介** マスコミの怖さを身をもって体験したんだもんな。そういえば馬主さんの誕生日パーティーのとき、店を出たら雨が降っていて、傘が足りなくなったことがあったじゃん。で、若手のひとりがふざけて（藤田）菜七子を傘に入れていたら、「やめろ！　横にいるのは菜七子なんだぞ！」って本当に怒ってたよな。

俺たちは、「お前、やめとけよ」くらいしか言えなかったから、そんな皇成を見てすごいなと思った。「ホントにマスコミは怖いんだから、ちゃんと考えて行動しなくちゃダメだよ」って、ふたりに言い聞かせていて。偉いなと思ったよ。

**三浦** 菜七子については、明らかに技術も上がっていますけど、それを超えるような能力の馬が回ってきたりするし、重賞に乗るだけでも話題になってしまいますからね。むしろ、僕より可哀想だなと思います。そういう意味では、注目されることの大変さも含め、気持ちをわかってあげられる立場なのかなと思うので。

**佑介** そうかもしれないね。でも最近は、菜七子の騎乗に対して批判的な意見も出てくるようになって、これはいい傾向だなと思ってる。いままでは「よく頑張った」みたいな論調が大半だったけれど、批判が出てきたということは、ひとりのジョッキーとして見られている証拠だからね。いままで以上に自信を持って乗っていってほしいなと思ってるよ。

## トップジョッキーたちが予言した〝2019年は絶対に皇成が来る！〟

――昨年、佑介さんは、デビュー15年目にして悲願のGIタイトルを獲得。皇成さんも触発されたところがあるのでは？

**佑介** 俺が勝ったのを見て、ウルッときたって言ってたよな（笑）。

**三浦** ウルッとどころか……。涙しましたよ、ホントに。自分のことのようにうれしかったです。GIを勝っていないことについては僕も散々言われていますけど、同じように佑介さんが言われているのもわかっていましたから。そのつらさは本当にわかるし、かといって焦ったところでどうにもならない。まるで迷路ですよね。

**佑介** 正直、コンプレックス以外の何物でもなかったよ。だって自分が一番思ってるんだもん、「なんで勝てないのかな」って。なにがいけないのか、本当にわからなかったし。

**三浦** わかります。どうしたらいいのかわからないし、どうやったら勝てる馬にめぐり合えるのかもわからない。でも、そういう迷路のなかで、佑介さんはちゃんと出口を見つけた。ものすごく感動したし、なんか自分にも光が見えた気がしたんです。

佑介さん、一昨年の年末くらいから、競馬のスタイルがガラッと変わりましたよね。勝ちにこだわる競馬の組み立て方というか、勝利への嗅覚が前とは全然違うと思って見ていたんです。自信を持って乗っているのがすごく伝わってきて、なにかきっかけがあったのかなと気になっていました。

**佑介** それまでは、普段の人間関係の延長で乗せてもらおうみたいな、どこか甘い考えがあったような気がする。でも、外国人ジョッキーが勝つようになって、そのあたりがすごくドライになってきたでしょ？　このままでは通用しないなと思ったし、勝負の世界である以上、ドライに選択されて当然、それがジョッキーとして本来あるべき姿なんだなと思った。

もちろん、人格も伴っているのがベストだとして、「アイツ嫌いだけど、乗せれば勝つから乗せよう」と思われるのが究極だなって。

**三浦** それは究極ですね。

**佑介** 別に嫌われようと思っているわけではないよ。ただ、一緒に乗っていて「アイツ嫌だな」と思われることというか、ほかのジョッキーができないことをしていくことで、生き残る道が見えてくるんじゃないかと思ったんだよね。それで、それまでのスタイルから丸っきり変えていった。

**三浦** そうだったんですね。どちらかというと、それまでの佑介さんは〝まずは周りの出方を見て……〟という競馬の組み立て方でしたよね。そのあたり、僕と考え方が似ているのかなと思っていたので、そんな僕からすると、ある時期から突然競馬っぷりが変わったように見えたんです。ポジション取りもそうですし、判断も思い切りがよくて、気づいたときにはもう動かしているような。それこそ性格が変わったのかと思いましたもん（笑）。

**佑介**　〝気持ちが判断を鈍らせる〟というのは、フランスに行くことを決意したときに気づいた。先週までとまったく同じ日本の競馬なのに、決意した時点で自分の競馬が変わったことがわかったから。それに、これ以上ダメになることはないなっていう気持ちもあって、だったらあとはもう上がっていくだけだから、やれるだけやってみようと吹っ切れた。だからいまは、競馬のときに余計なことはいっさい考えてない。

**三浦**　いまの僕もそれに近いかもしれません。もともとひとつの競馬に対して何百通りのパターンを考えないと気が済まないタイプだったけれど、去年の北海道で競馬の前のクリストフ・ルメールに注目していたら、僕のように「ああなったらこうしよう、こうなったらああしよう」とか、あんまり考えていないかと思ったんです。

僕はものすごく準備をしていくタイプなので、Aパターンがダメなら Bパターン、それもダメなら Cパターン、Dパターンで……となりますけれど、クリストフの場合はそういうプランはなくて、流れのなかで、その都度プランを作り出しているんじゃないかと。勝つためには、そういう柔軟さが大事なのかもしれないと思ったんです。

**――それだけ咄嗟にチョイス可能な数多くの引き出しを持っているということですよね。**

**三浦** そう思います。クリストフとは普段から仲よくさせてもらっているので、ご飯を食べに行ったときなどにたくさんのレースを見てもらったりしています。彼からすれば、ものすごく面倒くさかったと思うけれど、いままで自分のなかにはなかった知識を得られましたし、それがいまの競馬のスタイルにつながっているような気がします。

**佑介** クリストフは、すでに出来上がっているジョッキーだからね。自分のなかに「これでいい」という核があるから、負けても微動だにしないというか、心が揺らいだりすることがまずない。ただ、そのぶんクリストフにはできない競馬が絶対にあるはずで、俺たちはそこを突いていくしかないんだけれど。

**三浦** そうですね。返し馬での馬の動かし方や気持ちの持っていき方は、(福永)祐一さんや川田先輩が関東に乗りに来たときにいろいろ教えてもらっています。そこで教えてもらったことを意識してやるようになったら、ひとつ乗るだけでものすごく疲れるようになって(苦笑)。

**佑介** それは見ていてわかるよ。最近の皇成は、すごく丁寧に仕事をしているもん。去年の秋の開催からすごくいい競馬をしていて、関西のトップジョッキーたちがみんなで「来年は絶対に皇成が来るな」っていう話をした。

**――そうなんですね。やっぱりプロの眼はすごい！**

**佑介**　それこそクリストフが褒めていたよ。一緒にレースを見ていて、「いま勝ったの誰？」って聞かれて、「皇成だよ」と教えてあげたら、「そうか。追い方がすごく力強くなったね」と。確かにそうだなと僕も思いました。だからいま、皇成が関東でリーディング争いをしていることに対して、関西では誰も驚いていませんよ。

**三浦**　いやぁ、うれしいなぁ。まぁ一番驚いているのは僕自身なんですけどね（笑）。

## 近づいているＧＩの足音……
## その瞬間のために、いまやっておくべきこと

**――佑介さんは去年の年明けからリズムがよくて、確かＧＩの足音が聞こえていたとおっしゃっていましたよね。皇成さんも、今年（２０１９年）は聞こえているのでは？**

**佑介**　そうそう、そういう予感みたいなものがあるんじゃないの？

**三浦**　ん～、それはまだ……。ただ、皐月賞のメイショウテンゲンでいうと、去年までの僕だったら絶対に声が掛からなかったと思うんです。結果は残念でしたが（15着）、勝ち星だけで

も関東の上のほうにいると、こうやって流れが来るんだなとは思いました。こうしてめぐってくるチャンスをモノにできるかできないか、そこが大事だなという気持ちもあります。

**――去年はGⅠでコンマ1秒差3着が3回ありましたよね。ホントにあと一歩で。**

**三浦**　そうでしたね。さっき話したクリストフの影響もあって、ゲートが開いてからの流れのなかで、自然とレースを組み立てられるようになったような気はしています。

それができたときは、やっぱりいいレースができていますし、そういう流れが見えないときは結果もよくない。だからあの3戦に関しては、いま思い返しても冷静でしたね。でも、それでも勝てないのが現実で。まだまだ足りないものがある証拠です。

**佑介**　GⅠを勝つ前、先輩からはずっと「最初は〝あ、勝っちゃった〟でいいんだよ」って教えられてきた。「一度勝てば、GⅠの勝ち方がわかるから」と。でも、俺の場合、もうまぐれじゃ勝てない感じになってきていた。

やっぱりGⅠで勝てるポジション、勝てる競馬をより意識して、数を乗っていかないとダメだと思った。それで、一昨年はチャンスが少ないと思える馬でも、それこそ18番人気の馬であっても、チャンスをもらえる限りはとにかく積極的にGⅠに乗るようにして。

**――年間GⅠ騎乗数でいうと、2016年の2鞍から2017年は11鞍と激増しましたものね。**

**佑介**　はい。もう半ば無理矢理にでも乗るようにしました。そのなかで、「この流れだとこうやって負けるのか」とか「今回のポジション取りは、勝てる能力のある馬だったら勝っていたかも」とか、負け続けることで見えてきたことがあって。皇成もいま、見えてきているものがあるなら、あとはめぐり合わせだけだと思う。

**三浦** 目の前のＧⅠ、翌週のＧⅠではなく、もっと先を見据えて取り組んできたということですよね。できそうでできないことだから、やっぱりすごいな。

**佑介** 目の前のことに囚われ過ぎて失敗してきたからね。当然、その時々で結果を出さなくちゃいけないんだけれど、そればかりに固執してしまうと、「今日はうまくいった」「今日は失敗した」というだけで終わってしまう。

**三浦** わかります、考えなくなるんです。ＧⅠに限らずですが、僕もそれに気づいて。それで、去年の夏の終わりくらいだったかな、いまの自分にはなにが足りないのか、それこそ自分が馬主になったつもりで自分を評価してみたんです。

**佑介** そこ、大事だよね。昔から、皇成の競馬を見て「うまいな」と思うことが本当に多かった。でも、俺たちジョッキーにはそのうまさが伝わるけど、果たして乗せる側の人間には伝わっているのかな……と思うところもあった。乗せる側にも伝わらないと、先につながらないからね。

**三浦** そうですよね。だから、その立場になって自分を見たとき、勝つことというよりも、「勝つ意識」を見せることが大事なんじゃないかって。やっぱり、応援していただいているファンの皆さん、関係者の皆さんが、一度は「よし！　行け！」って思うような競馬をしなければと思ったんです。

それまでは、どちらかというと折り合い重視で、強い馬がいたらその馬の動きをある程度把握して、この馬についていけば自然と道が開くなと考えて……。

**佑介**　わかる。でも、道が開いたところで、その強い馬を追い越すことはできない（苦笑）。

**三浦**　そうなんですよ。だからそうではなくて、レースのなかで自分が目標にされるような組み立て方をしていかなくちゃいけないと。それで、トレーニングや競馬との向き合い方を夏の終わり頃から変えていったのですが、それが意外とすぐに馴染めたんです。

**佑介**　なるほどねぇ。クリストフの存在も大きかったと思うけど、やっぱり思考転換のきっかけがあったんだ。すごくわかるよ。俺も同じだったもん。

**三浦**　「調教に乗ってもらっているから競馬も」という流れには限界がありますよね。僕の体はひとつであって、必然的に調教に乗る回数は限られますから。そこはやはり、自然と「皇成、空いてないかな」って言われる騎手になりたいです。

**――去年のクリンチャーやシュヴァルグランあたりは、確かそういう流れで皇成さんに白羽の矢が立ったのでは？**

**三浦**　ん～、ケガから1年ぶりに復帰したという影響もあったかと思います。「つらい思いをしたのに頑張ったな」って、自分が思っていた以上に応援してくださった方がたくさんいましたから。本当にありがたいですよね。

ただ、僕としては、ケガのことは早く忘れてもらわないと。「そんなことあったっけ？」って、忘れてもらえるくらいにならなくてはと思います。

**佑介**　復帰してもう1年半だものな。昨日、皇成が送ってくれたリハビリ中の映像をあらためて見ていたけれど、頭がすごく大きく見えるくらい体が細くて。そんな状態からよく戻ってきたなと思ったよ。

**三浦**　まさにマッチ棒みたいな感じでしたよね（笑）。いまは誰よりも僕自身がケガを引きずっていないんです。いまもプレートが入っていますが、たまに「いつプレート抜くの？」って聞かれたりしたときに、「あ、そういえば俺、プレート入っているんだ」みたいな感じで（笑）。

休んでいるあいだも、大変だったのは僕よりも家族。本当につらかっただろうなと思います。いま、こうして競馬に集中できているのも家族のおかげです。だから、本当に頑張らないと！

**佑介**　今日話してあらためて思ったけど、もう機は熟したでしょう。さっきも言ったように、GⅠに関しては、あとはもうめぐり合わせだけだよ。みんな待ってるよ、きっと。俺ですら、こんなにたくさんの人がこの瞬間を待っていてくれたんだってビックリしたくらいだから、皇成がGIを勝った日には、とんでもないことになると思うよ。

まぁ皇成の場合、ひとつ勝ったらポンポン勝ちそうな気がするから、もうちょっと引っ張ってくれてもいいよ（笑）。

**三浦** いやいやいやいや、これ以上引っ張りたくない！

**佑介** あと、GI初勝利までの連敗記録はまだまだ俺のほうが上だから、それを超えてくれてもいいよ。俺は83連敗したからね。最長らしい（苦笑）。

**三浦** 勘弁してください（苦笑）。

**佑介** 今年は関東リーディングも視野に入っているしね。

**三浦** いや～、戸崎さん、すごいからなぁ……。でも、GIは勝っていないから「GI、GI」と言われるわけですが、リーディングを期待されるのは数を勝っているからこそ。この流れを大事にして、絶対に2019年を飛躍の年にしたいです。

**佑介** 皇成、今日はありがとう。皇成はホントに発言の内容が変わったよ。おとなになった。まぁおとななんだけど（笑）。

**三浦** これでも一応、親なので（笑）。いや～、取材でこんなに馬のことや競馬のことを話したのは初めてです。こちらこそ、ありがとうございました。

## ホストとして、こんなにうれしいことはありません

対談の最後に、「取材の場で、こんなに馬や競馬の話をしたのは初めてでした」と言ってくれたのが皇成です。ホストとして、こんなにうれしいことはありません。デビュー当時から気になる存在だったものの、じっくり話をしたのはこの対談が初めてで、以来、それまで以上に皇成の競馬を気にして見るようになりました。もちろん、会えばよく話します。対談中にも言いましたが、皇成はもともと「黙れ！」と言っても喋っているタイプですから（笑）。皇成のＧＩへの欲求は、痛いほどわかります。ＧＩを勝った晩には、そこまで時間が掛かった者同士、またいろいろな話をしてみたいです。

提供：netkeiba.com

2019.6／2020.5

# #08 松山弘平 with 佑

## 若手浮上のヒントに〝騎手・松山弘平〟の歩み方

Kouhei Matsuyama

1990年3月1日生まれ、兵庫県出身。09年にデビューし、初騎乗を勝利で飾り、同年JRA賞最多勝利新人騎手を受賞。15年、コーリンベリーでJBCスプリントを制し、GI初勝利。17年にはアルアインに騎乗して皐月賞に勝利し、中央GIで初勝利を挙げる。20年にはデアリングタクトに騎乗し、牝馬クラシック二冠を制覇。

JRA通算勝利数（2020年10月5日現在）：728勝（重賞18勝）

## 先輩でも見習いたい、松山騎手のレース後の対応

――佑介さんと松山さんの対談は、2013年4月の「キシュトーク！」以来6年ぶりになります。

**松山**　若手が先輩を指名して、いろいろ相談に乗ってもらう……という企画でした。佑介さんが、もうすぐフランスに行くというタイミングで、あれからもう5年も経つんですね。

**佑介**　うん、丸5年。対談をしたのは、心機一転、環境を変えて頑張ろうという時期で、弘平は前の年にローカルでたくさん勝って、本場にシフトするタイミングを計っていた時期だった。

――それぞれに転換期といえる大事な時期の対談でした。そのときに佑介さんから〝弘平ちゃん、このままダメになってしまうかもしれない〟と思った時期があった」という発言があって。先輩にそう思わせた時期を経て、いまでは全国リーディングトップ10の常連といえるまでになった。すごいことだと思いますし、上を目指す若手にとって、松山さんの軌跡のなかにはヒントがたくさんあるのではないかと。

**佑介**　俺もそう思う。ひとつのお手本になるよね。

**——新人賞を獲りながら、2、3年目は落馬が続いたこともあって、騎乗馬がほとんどいなくなってしまった時期が一瞬だけありましたよね。**

**松山** そうですね。確か1週くらいですが、開催日なのに休みになってしまった日がありました。

**佑介** ホンマに⁉ それは知らなかった。

**松山** 周りの人も、あまりその頃のイメージはないようなので、それは逆にいいことかなと思っています。

**佑介** そうだね。俺が心配だったのは、もともと弘平はあまり目立つタイプではなかったし、性格的にはいい子だけれど、ジョッキー向きの性格かと言われると、なんか大丈夫かなぁというのがあって。いい厩舎（池添兼雄厩舎）に所属していたから、減量があるうちは乗せてもらえても、減量が取れたあとはどうなっていくのかなと思っていた。

**松山** 実際、2年目、3年目と成績は下がり続けました。佑介さんには、当時からいろいろ話を聞いてもらっていましたものね。

**佑介** 性格的に大きく変わったわけではないけれど、弘平の場合、仕事に対するスタンスとかアピールの仕方が結果に結びついてきたと思うから、若い子は本当にお手本にすればいいと思っている。関係者に対する受け答えや、レースのあとに話している内容を聞いて、いつも偉いなぁと思っているし、俺も見習わないといけないいなと思うところがけっこうある。

**松山**　ホンマですか⁉　特に意識してなにかを気をつけているわけではないんですけど……。

**佑介**　弘平の場合、1日11頭、12頭乗ることもめずらしくないでしょ？　そのなかには当然、走る馬もいれば、まったく成績が出ていない馬もいる。でも、温度差なくちゃんと1頭ずつ真摯に向き合って、関係者に対しても絶対に嫌な顔をしない。ふつう、1日12頭も乗っていれば、どこかで疲れた顔を見せてしまうものだけれど、弘平は絶対にそういうところを見せない。

**松山**　いや、出てしまっているときもあると思いますけど……。僕もレース直後はどうしても熱くなってしまうときがあるので、気持ちを全部押し殺すことは絶対にできません。ただ、佑介さんにそう思っていただけているのであれば、それはよかったなと思います。決して無理につくっているわけではないんですが。

**佑介**　たとえば、「すみませんでした」というひと言を取っても、弘平ちゃんの「すみませんでした」は、すごく心がこもっている。

## メディアに出たい気持ちと、怖い気持ち

**――松山さんは、ほんの一時とはいえ、乗り馬がいなくなるというつらい経験をしたことで、たくさん勝つようになってからも「いつ乗り馬がいなくなってもおかしくない」という危機感を常に持っていた。それが1頭1頭への真摯な対応につながって、いまに至る道筋となったように思います。**

**松山**　ん～、どうなんでしょう。確かにずっと危機感を持ってやってきたというのはあります。4年目にたくさん勝たせていただきましたが（74勝）、そのときもそれ以降も、ずっと危機感がありました。「もう大丈夫だ」と思ったことは一度もありません。

**佑介**　一度ギリギリまで追い詰められたことが、逆によかったのかもしれないね。

**松山**　自分に自信がなかったので、なおさらだと思います。

**佑介**　根底に危機感があったからなのかもしれないけれど、いま思うと、弘平は絶対に隙を見せなかった。たとえばジョッキー同士で冗談を言い合っているときでも、軽口は叩かないタイプ。どんなにあおっても、弘平だけは絶対につられない（笑）。

**松山**　それこそ3年目くらいまでは、なんでも話していたんですけど。途中から発言には

すごく慎重になりました。取材に対しても、苦手意識が出てきてしまって……。昔はむしろ、「出たい！　出たい！」というほうだったのに。キャリアを重ねるにつれ、メディアに出るとどうしても叩かれるというイメージが強くなって。

**佑介**　まぁそうやな。発言しなければ叩かれることもない。気持ちはすごくわかるよ。でも、俺は気にしてもしょうがないなといまは思っている。

**松山**　だから、こうして連載を続けている佑介さんを見ると、本当にすごいなと思うんです。僕もずっと読ませていただいていますからね。そういえば今日、藤懸（貴志騎手）に『ｗｉｔｈ佑』に出るねん」という話をしたら、「いいなぁ。『ｗｉｔｈ佑』に出るのは人気者の証ですよ！」って言われました（笑）。

## 最高のライバルとして　ふたりの間で立てた今年1年間の目標

**佑介**　ここ数年は、良くも悪くも安定しているというか、ポジションが定まってきた感じがあるじゃない？　それに、俺もそうだけど、ＧＩを勝つことのよろこびは知ったものの、なかなかふたつ目、みっつ目とはいかなくて……。チャンスも限られているし、お互いにいま、すごく難しい立ち位置にいるよね。この立ち位置、怖くない？

**松山** 怖いです、ホントに。

**佑介** 今回、弘平をゲストに呼んだのは、同じような立ち位置にいるからこそ、今後どういうビジョンを描いているのか、そのあたりを聞いてみたかったんだ。

**松山** いまはやっぱり、大きいところを勝ちたいという気持ちが強いです。GⅠはもちろん、重賞ももっと勝ちたい。正直、GⅠをひとつ勝ったら、もうちょっと勝てるようになるのかなと思っていましたけどね(苦笑)。

**佑介** 甘くないよなぁ〜。いまの時代、ポンポンとはいかないよね。波が来るまでの待ち時間が長かったり、逆に突発的に波が発生したり。当たり前やけど、常に準備をしておかなくちゃいけない。自分に圧倒的な力があればいいんやけど、そうじゃないだけに難しい。よく「リーディング20位以内にいれば安泰やろ」みたいに言われるけれど、全然そんなことなくて。余裕なんていっさいないからね、ほんまに。

**松山** 僕も同じですよ。余裕なんてまったくない。

**佑介** 中堅のなかでも立ち位置が近いというか、求められる過程も似ていると思うんだよね。たとえばGⅠで乗り役が決まっていない馬がいたとして、さあ、誰を乗せようとなったとき、おそらく俺と弘平はリストアップされる4〜5人のなかに入っていて、まずはそこを勝ち抜いていかなくちゃいけない。だから、弘平よりひとつでも上の順位にいたいといつも思っているし、昔と違って「弘平ちゃん、頑張れよ！」なんていう気持ちはサラサラない（笑）。

**松山**　そういうふうに見ていただけているのは、逆にものすごくうれしいです。でも、僕からすれば、佑介さんは十分安泰に見えますけどね。

**佑介**　似たような立場にあっても、人のことはそう見える。それは俺も同じ。

## 「お前、勝つなよ！」が、いまは一番のよろこび

**佑介**　去年は「まだ手にしたことのないＧⅠタイトル」を追いかけていたけれど、ひとつ勝ったからには、もう一段階ステージを上がりたい。それが叶えば、あとは上を捕まえにいくぞ！というところまで行けるんだけど、それがものすごく難しい。いまなんて、たとえば２、３週間勝てなかったら、それだけでむちゃくちゃ不安になる。

**松山**　わかります。僕もめっちゃ焦ります（苦笑）。自分のステージを上げたいのも同じです。それがものすごく難しいことも実感しています。

**佑介**　だから、お互いのモチベーションを上げるために、今年１年、獲得賞金額で勝負してるんだよな。身近に競る相手がいることもそうだし、なにか目標を立てて頑張っていくのはお互いのためにいいかなという気がして。

**――勝ち鞍《くら》ではなく獲得賞金というのも、いまのおふたりのモチベーションを高めるためには効果的ですよね。**

**佑介**　そうなんです。大きいレースを勝ちたいという欲は僕にももちろんあるし、弘平は弘平で、どちらかというとコツコツ勝っていくイメージがあるから、もっと賞金が高いレース、みんなの注目度が高いレースでアピールしていくモチベーションになればいいなぁという思いも込めて、勝ち鞍ではなく賞金で勝負しようということになったんです。まぁいま現在、僕が1億くらい負けているんですけどね（笑）。

**松山**　数週間ですけど、僕の成績がよかった週が続いたので。それまでは本当に接戦でしたよね。

**佑介**　4月いっぱいまでは、「今年が始まって4か月も経つのに、こんなに接戦とかあり得る？」というくらい接戦やった。ホントに何百万という差でね。でも、一気に1億まで差が開いた（苦笑）。

**――一気に1億円くらいの差がついたということは、逆に一気に差を詰めることもできますよね。**

**佑介**　逆に言えばそうですね。

**松山**　GIを勝てば、一気に逆転ですよ（笑）。僕も絶対に負けたくないので、最近は佑介さんの着順が気になって気になって。最近、僕が勝つと佑介さんが「お前、勝つなよ！」って言うじゃないですか。そう言われるのがすごくうれしい（笑）。

**佑介**　東京でＧⅠがある日に弘平が京都で乗っていたときは、「はよ東京のＧⅠに乗りに行けや」と思ってた（笑）。

**――いい先輩ですねぇ。そうやってご自身を盛り立てているところもあるんでしょうが、同時に後輩のモチベーションも高めて。**

**松山**　見てくれているんだなと思うのと同時に、「お前、勝つなよ！」と言われるのが、いまは一番のよろこびです。

**佑介**　やっぱり苦しいからね、俺たちの立ち位置。弘平も同じだと思うけれど、本当にもどかしい。だから、少しでもモチベーションにつながれば……と思った。やっぱりなんとかしてもう一段階、ステージを上がりたいからね。

## 「人気馬はもちろん、人気がない馬でも燃えるんです」

**佑介**　前に対談したとき、「自分にはアピールポイントがない」と言っていたけど、実績を積むなかで見えてきたものはある？

**松山** 確か「次の取材までには、自分だけの武器を見つけられるように頑張ります」と答えた記憶が（笑）。実際、自分のアピールポイントはこういうところかなと思える部分も出てきたんですが……。

**佑介** いいねぇ。教えてよ。

**松山** ん～、あんまり言いたくないです（苦笑）。

**佑介** そうなんや（笑）。俺から見ると、弘平の競馬には隙がない。気を緩める瞬間がまったくといっていいほどないから、すごく仕掛けづらい。それは大きな武器だと思うよ。

**松山** ありがとうございます！

**佑介** あとは、先行する意識が強くて、馬が苦しくなってからもうひと頑張りさせる。そうやって毎レース、少し足りないかなと思う馬も含めて一生懸命に乗ってくる。ジョッキーなら当たり前やと思う人もいるかもしれないけれど、それを毎週20頭近く繰り返すには、相当な気力、体力、集中力が必要になる。

**松山** たとえ人気がない馬でも、「俺なら5着に持ってこられるんじゃないか」と思ったり（笑）。人気馬を勝たせたいのはもちろんですが、人気がない馬でも燃えるんです。とにかく負けず嫌いなんです。

**佑介** 確かに、負けたときはむちゃくちゃ悔しがってるもんな。上がってくるなり、叫んでることもある（笑）。

**――そういえば松山さんは以前、気持ちの切り替えがあまり上手ではないとおっしゃっていましたよね。そのあたりの変化は？**

**松山**　昔に比べたらだいぶマシになったとは思いますが、それでも人よりはグチグチ言っているかもしれない（笑）。話しやすい先輩にはつい甘えてしまうというか、弱音を吐いてしまうんです。

**佑介**　弘平の場合は、愚痴とは違うから。あくまで弘平自身の話だし、聞かされた俺も「また言ってんな」くらいなもんで。「全然ダメですぅ……」とか言いながら、すぐに勝つし（笑）。

**松山**　じつはそれも作戦です。油断させてるんです（笑）。

**佑介**　そうだったんや！　賞金争いをしている身としては聞き捨てならない（笑）。まぁなんだかんだ言いながらも、最近の弘平は自信がついてきたのがわかるよ。特に関西圏での弘平は、すごく自信を持って乗っているように見える。あとは場数というか、経験値的なものが増えてくると、大きいレースでもドシッと乗れるようになる気がする。大きいレースの経験値が足りないと、どうしても自分のなかで変に盛り上がっちゃうというか、不必要に高まってしまうところがあるから。

**松山**　それは絶対にあります。関東に乗りに行ったときでさえ、乗り慣れたコースではないから、どうしても頭で考え過ぎてしまうところがあります。GIに限らず、いつもと競馬場が違うだけでもそうですからね。いつもどおりに乗ることがいかに難しいことか実感する一方で、ものすごく必要な要素だなと思っています。

**佑介** そのためには、弘平の場合、やっぱり場数を踏むことが必要だよね。俺ももっともっと経験値が欲しい。あとは弘平の場合、すでにベースは固まっているわけだから、もうひとつの側面というか、もっと狡猾な部分を見せていってもいいと思う。たとえば自分のアピールにつながるような競馬に徹するとか、GIでも、こんな競馬もできるんだぞという思い切った競馬をするとか。

**松山** なるほど。確かにそうやってアピールすることは大事かもしれませんね。

**佑介** ひとつでも上の着順に……という乗り方とは、どうしても相反する競馬になってしまうけどね。なにが正解かわからないなか、たとえダメでもなにかしらアピールしたいから、俺はできるだけそう乗るようにしている。それで結果が出たら最高でしょ?

**松山** 佑介さんは本当にそうですよね。競馬を見ているだけで「勝ちにいくぞ!」という気持ちがすごく伝わってきます。

**——確かに4コーナーで「佑介さんキターッ!」と思うレースが多いです。たとえそのあと止まってしまったとしても、すごくワクワクします。**

**佑介**　たいてい止まっちゃうんですけどね（苦笑）。

**松山**　去年（2018年）の京都新聞杯のステイフーリッシュは、すごいなと思いました。僕、逃げていたんですけど（メイショウテッコン5着）、「佑介さん、もう来た！」と思いましたもん。

　阪急杯のスマートオーディンのような後方からの競馬もビタッと決めてきますし。スマートオーディンは、僕も乗せてもらったことがあるのでわかるんですが、難しいですよね、あの馬。勝つにはあの競馬しかなかったというのもわかりますが、それをやってのけてしまうのがすごいなって。

**佑介**　阪急杯は、返し馬の時点で絶対に勝てるなと思った。

**松山**　ホントですか⁉ 確か11番人気とかでしたよね？

**佑介**　うん。たまにそういうことがあるんだよね。うまくいかないときももちろんあるけれど、あのときはゲート裏で厩務員さんに「どう？」って聞かれて、「勝つ気しかしないです」と答えた。「お前、ホンマかよ⁉」って言われたけどね（笑）。調教も1400mという距離もよかったし、大外枠もよかった。あとから考えたら、あのレースからハミを替えたりもしているから、いろんな意味で条件が整ったんだろうね。

## 弘平には率先して後輩を指導してほしい

**佑介** お互い良くも悪くもポジションが定まってきたという話をしたけれど、そんないまだからこそ、弘平にはどんどん新しいチャレンジをしていってほしいと思っている。さっき話した〝もうひとりの狡猾な自分〟を出していくこともそのひとつだと思うけど、弘平自身、漠然とでもなにかを変えたいという思いはある？

**松山** ありますね。乗り方についても、こういうふうに乗りたいという理想はずっとあります。いまは海外からすごいジョッキーがたくさん来るじゃないですか。その乗り方を見て、ちょっと真似してみたり、そういう細かいチャレンジはしています。

**佑介** （元所属で、現在もメイン厩舎として調教に騎乗している）池添（兼雄）厩舎も先生の定年まであと数年やろ？　ということは、ちょうど30歳くらいで環境が変わるわけやんか。師匠という支えがいなくなってしまう一方で、手伝う厩舎の数を増やせたり、自由度が増す面もある。そういうことも踏まえて、上位に割って入っていくにはどうするべきか、弘平なりに計画を立てて着々と進めていったほうがいいと思うな。

**松山** そうですね。フリーになってからもずっと手伝わせていただいている池添厩舎が、

４年後には間違いなくなくなってしまうんですものね。そこで慌てて、さあどうしようよね。

……ではなくて、佑介さんがおっしゃったように、いまから準備しておかなくちゃダメです

**――そのアドバイスには、佑介さんご自身の後悔も反映されていたりするのでは？**

**佑介**　それはありますね。弘平と同じくらいのときの自分を思うと、全然安定していませんでしたから。長期的なプランということでは、サブ的なポジションだとしても、自分の核となる厩舎は必要だと思うし、それがあるかないかによって見られ方も変わってくると思うので。だから、そのあたりは自分で自分を長期的にマネージメントする必要があるのかなと。

**――どう見られたいか、そのうえでどう扱われたいか。長期的なプランを組んで自己プロデュースをしていくということですね。**

**佑介**　そうですね。どんなに騎乗数が多くても、１鞍１鞍すべて一生懸命に乗ってくるというのはすごく大事なことやし、それがいまの弘平のベースになっているのは間違いないと思うんですけど、大きいレースを勝っていこうと思ったら、やっぱり大舞台でもっとチャンスを与えようと思われる存在になっていく必要がある。もちろんそれは、自分にもあてはまる課題なんですが。

**松山** 自己プロデュースかぁ。具体的にどんなことをすればいいのか……。

**佑介** 方法は人それぞれだと思うけど、たとえば発言力をちょっと強めていくとかもそのひとつだと思う。いままで自分を変えるために考え方の転換を計ったり、なにか行動に移したりしたことはない？

**松山** 自分を変えるためにか……。もちろん自然と変わってきた部分はあると思いますが、意識的にとなると、佑介さんの言う発言力を強めることとは逆に、発言に慎重になったことくらいですかね。でも、今日佑介さんとお話ししたことで、これからはもっと見せ場を意識して乗っていこうかなという気持ちは出てきました。

**――大胆不敵な松山さんの騎乗を楽しみにしております。今回の「with佑」では、〝ジョッキー松山弘平〟の現在・過去・未来に迫ってきたわけですが、最後に一番苦しかった時代の自分にアドバイスをするとしたら、どんな言葉をかけますか？ それが若手への間接的なアドバイスになるかと思いますので。**

**松山** あんまり教えたくないですね（笑）。

**――負けず嫌い炸裂ですね（笑）。**

**佑介** まぁ、それも弘平らしいといえば弘平らしいけど、俺としてはそういうのをどんどん発信していってほしいんだけどなぁ。お手本になる立場なわけやし、弘平が率先して後輩

2017年の皐月賞をアルアインで勝利しＧＩジョッキーに（撮影：下野雄規）

を指導していくことは、若手のためになるのはもちろん、ひいては弘平自身のためにもなると思う。いろいろ教えたうえで、「勝てるものなら勝ってみろよ」くらいのスタンスでいいんちゃう？

**松山**　僕なりのやり方は確かにあるんですが、たとえばそれを若手に伝えたとして、同じことをされると自分がすごく乗りづらくなる……（苦笑）。

**佑介**　いやいや弘平ちゃん、そんな細かいことまで教えんでいいのよ（笑）。それに、たとえ細かく教えたとしても、弘平と同じようには乗れへんと思うで。教えられたことをすぐに自分のモノにできるような若手は、教えられんでも勝ってるわ。

**松山**　そんなものですかねぇ。自分がいま、リーディング1位だったらいくらでも教えますよ（笑）。でも、現実的には僕はまだまだ勉強中の身ですから……。メディアで発信するにしても、あまり偉そうなことは言えません。

**佑介** なるほどねぇ。ふと我に返って考えると、こういう連載をやって発信していくこともさ、本来ならやらんでもいいことやん。でも、こういう場をとおして自分が成長できたり、自分に戻ってくるものがあるというのを俺は経験してきた。だから、発言力を強めるにしても若手を指導するにしても、ジョッキーとしてだけではなく、人として幅を広げるためにもいいんじゃないかな。

**松山** そうかもしれませんね。そういうことも含め、少しずつ自己プロデュースしていければと思っています。とりあえず今年の目標は、GⅠや大きいレースで活躍できる騎手になりたいです！

## 【祝！ 桜花賞優勝】再対談（2020年5月）デアリングタクトで桜花賞勝利 乗れてる騎手ならではの自信

**佑介** 弘平、桜花賞優勝おめでとう！

**松山** ありがとうございます。

**佑介** 注目を集めていただけに、プレッシャーも大きかったんじゃない？

**松山** そうですね。周りからも「デアリングタクトは強い、強い」と言われていたので……。もちろん僕自身も強い馬だと思っていましたが、やっぱりプレッシャーはありましたね。

**佑介** しかも、本命級の馬でクラシックに出たのは初めてでしょ？

**松山** クラシックは初めてです。GIというくくりでは、ミッキーアイルやドリームバレンチノで（上位人気を）経験していますけど、あのときも勝てると思って勝てませんでしたから。

**佑介** そうだよなぁ。なんか桜花賞のガッツポーズには、これまでのそういう思いが集約されていたような気がするよ。なんかこう、解放されたような。

**松山** そうですね。さっきも言いましたけど、けっこうプレッシャーを感じていたし、そのぶん本当にうれしくて。

**佑介** 見ていた人は、そういう弘平の思いをみんな感じたと思う。デアリングタクトにはデビュー戦から乗っているけれど、最初はそこまで「スゴイ！」という感じではなかったよね？

**松山** はい。もちろんいい馬だなとは思いましたけど、正直、そこまでではなかったです。

**佑介** だよな。周りの評価も、それほどではなかったような。新馬戦からグリグリ（大本命）だったわけでもないし。

**松山** 実際、調教自体はそんなに動く馬ではなくて、乗り味も「すごくいい!」とかそういう感じではないんです。ただ、実戦に行くと、めっちゃ切れる脚を使うという。

**佑介** 新馬にしてもエルフィンSにしても、勝ちっぷりが際立っていたよ。2戦目にエルフィンSを使って、そこからぶっつけで桜花賞というローテはなかなかないけど、逆にそれがよかったのかなっていう印象もある。

**松山** いま思うと、それはありますね。ちょっとイレ込むところがある馬なので、結果的にあのローテーションがいい方向に出た可能性は高いです。

**佑介** ただ、エルフィンSからぶっつけだったことで、力関係という意味では手探りの状態だったわけじゃん？ そんななかで、あのポジションであそこまで我慢できたのはすごいなと思った。たとえば、今年(2020年)のメンバーのチューリップ賞を使っていたとして、そこで差し切っていたならわかるけれど、やってみなければわからへんなかで、ましてやあれだけ雨が降ってさ。ようあそこまで我慢できたなと思った。そのあたり、やっぱり弘平自身の調子のよさというか、乗れてるジョッキーならではの自信を感じたよ。

**松山** ん〜、どうなんだろう(苦笑)。

**佑介** 弘平は去年の秋口からずっと乗れているから、プレッシャーを感じる一方で、ある程度自信もあるんだろうなぁと思いながら見ていた。

**松山**　確かに今年は重賞をたくさん勝たせてもらっていますし、気持ちの面で少し余裕も出てきて、これまで以上に自信を持って乗れたところはあるかもしれません。

**佑介**　そうだよな。そうじゃなければ、なかなかあの競馬はできないよ。実際、前とどれだけ離れているとか、あんまり意識していなかった？

**松山**　いや、だいぶ離れているなぁとは思ってました。僕、あの日の10Rで逃げ切ったんですけど（大阪―ハンブルクC・グランドロワ）、そのときに「やっぱり後ろから届く馬場じゃないな……」と感じましたしね。でも、ここで慌てさせると持ち味を生かせないと思って、なんとかギリギリまで我慢させました。

**佑介**　俺は桜花賞に乗っていなかったからジックリ見ていたけど、そういう馬場の傾向や弘平の普段のスタイルを考えても、あのスタートを切ったら、もうちょっと内から位置を取りに行くのかなと思っていた。それが思い切って下げて、早めに外に出したから、よっぽど自信があるんやろうなと。

**松山**　前半で少しそういう展開になりかけましたが、前がけっこうゴチャついていて。

**佑介**　そうだったね。あそこで位置を取りに行っていたら、巻き込まれていたよな。

**松山**　そう思います。うまく切り返すことができて、そこからはスムーズでした。

**佑介**　馬ももちろん強かったけれど、ああいう競馬で勝てたことは、弘平にとっても大きいんじゃない？

**松山**　はい。本当にうれしかったし、なにより馬がよく応えてくれたなと思います。

## 二冠を懸けてオークスへ！　いまのデアリングタクトに必要なこと

**佑介**　桜花賞を勝って、さぁ次はオークスというところで落馬があって（4月26日・京都1R）。落ちた瞬間、正直どう思った？

**松山**　落ちた瞬間は全然大丈夫だったんですよ。だから、「頼む！」って祈りながら頭を守って。

**佑介**　蹴られんように祈ったわけや。

**松山**　そうです、そうです。でも、頭を守った瞬間、ボーンと蹴られて。そのあとは悶絶していました……（苦笑）。まぁ意識はありましたし、ただただ痛かったというだけで。結果的に1週だけ休むことにはなりましたが、幸い大きなケガではなかったので、ホッとしました。

**佑介**　かなり派手な落馬やったし、弘平は大事なレースが続くことがわかっていたから、みんなめっちゃ心配していた。でも、落馬したときの対処を見ていても、すごく落ち着いていていたよな。落ちたあと、ちゃんと丸まってジッとしてたやん。あそこでもし大の字なんかになっていたら、踏まれていたかもしれない。丸まったぶん、ポコッと蹴られただけで済んだ。

**松山**　いやぁ、ホントにそうです。危なかったですよね。そういえばあのレース、佑介さんが勝ったんですよね。あれ、落馬がなかったら僕が勝ってたんちゃうかなと思ったり（笑）。

**佑介**　アハハハ！　確かに手応えがよかったからこそ、外に行こうとしたんやもんな。

**松山**　そうです。外に行こうとした瞬間でした。

## オークス、ポジションは意識せず折り合いに集中

**佑介**　ヒヤッとしたけれど、とにかく大事なシーズンを棒に振らんでよかった。オークスはもちろん、それ以降も含めて、デアリングタクトに課題みたいなものはあるの？　もっとこうなってほしいとか、こうしていきたいとか。

**松山**　課題はやっぱりイレ込みやすいところですかね。実際、桜花賞でも力んでいたので。

**佑介**　ああ、返し馬でもけっこうグーッと来てたもんね。これは掛かりそうやなというか、少しハミ出しているような返し馬やったから、大丈夫かなとは思っていた。

**松山**　僕も正直、「うわ、これヤバイな……」と思いましたよ。

**佑介** やっぱりそんな感じやったんや。

**松山** はい。なんていうのか、全然コントロールが利いていない感じだったんです。ただ、レースに行って外に出したときに、力みがフッと抜けて。オークスでもそうやって抜けてくれれば全然問題ないんですけど、どうしても馬群に入れたときに力んでしまうところがあるので。そのあたりが課題ですね。

**佑介** 逆に、そこさえクリアすればばっていう感じやな。

**松山** そうですね。距離自体は大丈夫だと思うので、あとはホントに折り合いだけです。ポジションはあまり意識せずに、折り合いだけに集中して、リズムよく運びたいと思っています。

**佑介** 当然プレッシャーはあるやろうけど、ジョッキーとして、こういう仕事を託されるのはいいよね。

**松山** はい。二冠が懸かっているということで、すごく注目されているのは自覚しています。そういう馬に乗れることは、すごくうれしいです。反面、ちょっと不思議な感覚なんですけどね。自分がそんな馬に乗せてもらえるなんて。

**佑介** 弘平は、ホントに勝ち切るようになったよ。去年の前半までは、すごく2着が多かったやん。

**松山** 多かったですねぇ。

**佑介**　（三浦）皇成とかもそうやったけど、ずっといい競馬をしているのに、なぜだか勝ち切れへんみたいな感じやった。でも結果的に、それが跳ね上がる前兆というか、ずっとそれを続けているうちに、もうひとつ上のステージに上がっていたというか。去年、それこそ俺と年間の獲得賞金額で勝負してたやん？　前半はけっこういい感じで競っていたのに、夏の小倉を機に勝ち切る競馬が増えて、一気に差をつけられた。重賞だって、勝ち鞍の割にはそんなに数多く勝っているタイプではなかったのにね。

**松山**　はい。正直、重賞はあんまり勝っていませんでした。

**佑介**　それが今年は一気に流れをキャッチして。

**松山**　それだけいい馬に乗せてもらっているんだなとホントに思います。最近は騎乗馬のレベルが上がってきているので、しっかりそれに対応していかなければと思いますね。

**佑介**　前回「ｗｉｔｈ佑」に出てもらったときとは、取り巻く状況が大きく変わったな。

**松山**　そうですね。まぁ僕自身は変わっていませんけど。

**佑介**　俺はオークス週は京都なので、京都のジョッキールームで応援しているよ。

**松山**　お願いします！　とにかく当日まで人馬とも無事に。あとは結果を出すだけだと思っています。※

※対談後、松山騎手はデアリングタクトに騎乗し、桜花賞に続きオークスも制覇。2020年の牝馬クラシック二冠を達成した。

対談を振り返って

## 先輩としては悔しさ千万

弘平は、２０１９年の６月と２０２０年の５月に登場。そのたった１年のあいだに、彼の置かれている状況は劇的に変化したと言ってもいいのではないでしょうか。対談中にも出てきますが、２０１９年には獲得賞金で競争していて、前半までは抜きつ抜かれつの接戦だったんです。結局、後半で差を広げられて負けましたが、２０２０年の弘平にいたっては、もうその姿を捉えられません（苦笑）。最初は「弘平ちゃん」なんて呼んでいましたが、いまやすっかり「松山さん」（笑）。先輩としては悔しさ千万ですが、近い将来、リーディングも見えてくるのでは……。それほどの勢いを感じています。

中央の藤岡騎手の向かって右が横山典弘騎手。左は息子である横山武史騎手。

撮影：山中博喜

2019.9

# #09 横山典弘 with 佑

## いまの時代では考えられない 常識破りな新人時代

**Norihiro Yokoyama**

1968年2月23日生まれ、東京都出身。父は元JRA騎手の横山富雄、兄も元JRA騎手の横山賀一と身内に競馬関係者が多く存在する。86年に石栗龍雄厩舎所属でデビュー（現在フリー）。90年にはキョウエイタップでエリザベス女王杯を制し初のGIタイトルを獲得。09年には初の日本ダービー制覇。翌年には自身初となる全国リーディングジョッキーを獲得。20年に史上3人目となるJRA2800勝を達成する。JRA通算勝利数（2020年10月5日現在）：2822勝（うち障害1勝、重賞179勝）

## 師匠への思い……「俺にとっては最高の先生だった」

**佑介** ノリさん、今日はお時間をつくっていただいてありがとうございます！ 普段からたくさんお話しさせてもらっていますが、ノリさんにはお聞きしたいことがまだまだありまして。

**横山** 企業秘密がいっぱいあるからなぁ（笑）。

**佑介** まぁそう言わずに……（苦笑）。僕がデビューしたときにはすでにトップジョッキーだったので、〝仕上がってる〞ノリさんしか知らないんですよ。だから、まずはどんなアンちゃんだったのか知りたいです。

**横山** どうだったかなぁ。とりあえず、いまの時代では考えられないくらい、おかしな新人だったと思うよ（笑）。当時も当然、若手は調教師の指示どおりに乗るのがふつうだったけれど、俺はデビューしたときから自分の考えで乗っていたし。

**佑介** 言うことを聞かなかったということですか？

**横山** そうだね。行けって指示されても行かなかったり。新人としてはあり得ないよね。

**佑介** やっぱりデビュー当時からノリさんはノリさんだったんだ（笑）。

**横山**　でも、当時から勝つための信念みたいなものはあったし、それはいまも変わらない。若いヤツらにもよく言うけど、指示どおりに乗ったとしても、負ければクビ。俺たちの時代もそうだった。まぁいまは結果を出してもクビになってしまう時代ではあるけれど。

**佑介**　馬乗りのスタイルも、若い頃から変わっていない感じですか？　あくまで僕が見てきたなかでの印象ですが、ずっとノリさん独自のスタイルを貫いているように見えるので、若い頃からそうだったのか、すごく気になっていました。

**横山**　カッコよく乗りたいというのは最初からあったね。ただ勝てばいいというのではなくて、「キレイにカッコよく勝ちたい」とは若い頃から思っていた。

**佑介**　憧れていたジョッキーとか、目標にしていたジョッキーはいましたか？

**横山**　憧れていたジョッキーか……。ちょっとピンとこないなぁ。たぶんいなかったんだろうね。聞かれたときは、親父（横山富雄元騎手）の名前を挙げていたけど、それは流れ的に言わされていただけ（笑）。とはいえね、親父がいたからこそジョッキーになったのは間違いないから。

**佑介**　やっぱり親父さんの背中を見て、自然とジョッキーを目指した感じですか？

**横山**　いや、なんかね、よく考えたら「ジョッキーになろう！」と思ったこともないんだよね。それこそ、ジョッキーになるために努力をしたこともないし。いや、もしかしたら努力していたのかもしれないけれど、それを努力と思っていなかったのか……。

**――お父さまの横山富雄さんは、障害と平地の両方で100勝を挙げた初めてのジョッキーなんですよね。1970年代に海外のレースでも勝っていらして（香港で開催された国際騎手招待競走「インターナショナルインビテーションカップ」に日本人ジョッキーとして初めて参戦）。**

**横山**　そうなんですよ。数字としての記録はとっくに親父を抜いたけれど、時が経てば経つほどそのすごさを感じます。

**佑介**　そういえば、若い頃はノリさんも障害に乗っていたんですよね。初めて聞いたときは、ものすごくビックリしました。

**横山**　うん、乗ってたよ。俺もそうだし、（柴田）善臣さんとかもね。一番最初に乗ったときはタイムオーバーでさ。「目の前の馬が落ちたら俺もひっくり返るな……」と思って、どんどん下げていっちゃった（笑）。

だってさ、いざスタートしてみたら、平地とスピードが変わらないんだもん。障害は、もっとゆっくり行くもんだと思っていたから、あれにはビックリした。で、どんどん下がっていっちゃって、結局、馬もやる気がなくなってしまって。その結果がタイムオーバー（笑）。2年目にひとつ勝って、落馬も1回あったな。

**佑介**　あ、落ちたこともあるんですね。
**横山**　うん。それもね、いつも師匠が「ノリ、障害に乗るんだろ。危ない馬には乗るなよ。そういう馬を頼まれたら、俺が断ってやるから」って言ってくれていたんだけど、落馬したのはウチの厩舎の馬だった（笑）。
**佑介**　ちゃんとオチがついた（笑）。
**横山**　ホントに酷かったよ。引っ掛かっていくから引っ張ったら、頭をグーッと下げちゃって。そのまま障害にズドン……。
**佑介**　酷い……（苦笑）。ノリさんの師匠は、石栗龍彦調教師のお父さん、石栗龍雄さんですよね。
**横山**　そうそう。師匠とは、デビューして6、7年経ってから仲よくなった。途中からは仲よくなり過ぎて、師弟関係というより友達みたいになっちゃったけど（笑）。
**佑介**　先生の定年（2000年）まで所属されていたんですよね。
**横山**　そうだね。いい先生だったよ。「弟子はひとりも育ったことがない」とか言ってたけど（笑）、俺にとっては最高の先生だった。
**佑介**　定年まで所属していたことがなによりの証拠です。
**横山**　でもね、1回だけもめたことがあった。俺がけっこう他の厩舎の馬にも乗るようになった頃で、「そのレースには他に乗り馬がいる」と言ったら、「ウチの厩舎の馬に乗らなきゃダメだ！」と。「じゃあ、俺はもう厩舎を出る！」っていう話にまでなったんだけど、そのことを河内（洋）さんに愚痴ったら、「ノリ、（厩舎を）出るな。我慢しろ」と言われてね。それで我慢したら、先生が折れてくれた。厩舎を出ようと思ったのは、その1回だけかな。

**佑介**　15年近く所属していて、もめたのがその1回だけというのもすごいですね。

**横山**　そうだよね。でも、あのとき河内さんが止めてくれなかったら、厩舎を出ていたかもしれない。あそこで踏み止まったことで最後まで厩舎にいられたわけだから、いま思うと河内さんに愚痴って本当によかったよ（笑）。

## 野平祐二さんのようなジョッキーになりたかった

**佑介**　馬乗りのスタイルに関しては、若い頃から信念を貫いてきたとおっしゃっていましたが、馬そのものに対するポリシーとか考え方という意味で、大きな影響を受けた馬はいますか？

**横山**　ハッキリ言って全部だね。メディアで取り上げられるのは大きいレースを勝った馬の話ばかりだけど、デビューした頃に乗っていた馬とか、もっと言えば、競馬学校時代に乗っていた馬たちも俺にいろんなことを訴えてきたし、それを感じ取りながらここまで来た。すべての馬たちから少しずついろんなことを感じて、それが積もり積もっていまがある。

**佑介**　たとえば、ジョッキー人生に転機をもたらした馬とか。

**横山**　転機をもたらしたということでいえば、（メジロ）ライアンになるんだろうけど……。でも、どうなんだろうね。馬名を出しても誰も覚えていないような未勝利馬でも、すっごくいい馬はいたし、そういう馬たちからもたくさんのことを教えてもらってきた。

なんていうのかな、「心を擦り合わせることができれば、いい走りができる」、それを教えてくれた馬はたくさんいたから。ただ、結局はね、どんなにいい走りができても、能力がなければ勝てない。だから、メディアに取り上げられることもない。

**佑介**　絶対能力ばかりはどうしようもありませんからね。

**横山**　うん。どうやってもディープインパクトに敵わないのはそういうこと。人間にたとえると、俺が死ぬ気で勉強したら東大に入れるかといえば、絶対に無理だからね。それと一緒でさ。

**佑介**　確かにノリさんの会心は、グレードとかあんまり関係ないですもんね。僕のなかで、〝本当に思ったとおりに乗れたときに出るノリさんのガッツポーズ〟があるんですけど、それを見ることができるのも重賞やＧⅠじゃなかったりするし。

僕にとって理想のガッツポーズは、そのノリさんのガッツポーズなんです。さぞかし気持ちよかったんだろうなぁというのが伝わってくるガッツポーズ。

**横山** そういうときは、自然と（ガッツポーズが）出るからね。

**佑介** 逆に言うと、負けても自分で納得がいくレースだったらそれでいいというのがノリさんですよね。この前、武史も言ってたんですよ。

子どもの頃、ノリさんが勝った日は「おめでとう！」って迎えるんだけど、「今日の勝ち方はダメだ」と返されるし、負けたから「残念だったね」と言うと、「いや、今日のレースはいいレースだった」って言うし、みたいな（笑）。

**横山** アハハハ！

**佑介** いまはわかるけれど、子どもの頃はどうしたらいいのかわからなかったって話してましたよ。

**横山** そうだろうなぁ（笑）。

**佑介** でも、すごくノリさんらしいエピソードだなと思ったんです。だから、〝影響を受けた馬〟というテーマも同じで、その判断基準が「GⅠを勝ったから」とかではないんですよね。それもまたノリさんらしいというか。

**横山** ただ勝てばいいというものではないからね。その点で影響を受けたのは、野平祐二さんかな。「ノリ、ただ勝つだけじゃダメなんだぞ。ジョッキーというのは、魅せてなんぼなんだから、バタバタと勝つんじゃなくてキレイに勝て」と言われてね。

**佑介** それがノリさんのなかに一本通っている〝芯〟なんですね。

**横山** そうだね。デビューしたばかりの頃にそう言われて。野平祐二さんの伝説も聞いていたし、実際に誰よりも華のあるジョッキーだった。

野平さんに関しては、すごく衝撃を受けたエピソードがあってさ。パドックで口笛を吹きながら、「今日はステッキいらない。ノーステッキでいく」と言って、厩務員さんか助手さんにポンとステッキを投げたっていうね。

**佑介** それはすごい。パドックで跨って、なにかを感じ取ったということなんでしょうね。

**横山** だと思う。野平さんは、そういうことをする人だった。ひとつのパフォーマンスだったのかもしれないけれど、同じことをやれと言われてもできないしね。ステッキを持ったうえで使わないことはできる。でも、最初から持たないという選択は絶対にできない。

**佑介** そうですね。でも、こうやって語り継がれるようなことをやってみたいな……という気持ちはありますけど。

**横山** それは俺も思う。野平さんは、本当に華のあるジョッキーでね。さっき話したように、デビューする時点で憧れていたジョッキーはいなかったけれど、デビューしてから〝野平祐二〟というジョッキーを知って、「ああ、こんなジョッキーになりたいなぁ」とは思っていたかな。

**佑介** 野平祐二さんに憧れたノリさん自身も華のあるジョッキーになって、僕らの世代には、そんなノリさんに憧れて、多分に影響を受けているジョッキーがたくさんいますからね。

でも、さっきおっしゃっていたように、ノリさんが死ぬ気で勉強しても東大に入れないのと同じで、僕らがいくらノリさんに憧れを抱いて近づこうと頑張っても、ノリさんにはなれない。だから、憧れて影響を受けたことが悪循環になることもある（笑）。

**横山** え？ どういうこと？

**佑介** ノリさんに憧れを抱き過ぎたせいで、なんか違う方向に行っちゃった……みたいな（笑）。

**横山** ああ、そういうことか（苦笑）。憧れてもらえるのは素直にうれしいことだけど、みんなそれぞれに自分だけのカラーを持っているはずなんだよ。俺には俺の才能があって、佑介にはまた違う才能があってさ。

大事なのは、自分の才能やカラーに早く気づくことじゃないかな。漠然とでもいいから気づいて、信念を持ってそれを磨き続けたら、結果的にとんでもない輝きを放つ可能性もある。馬たちもそうだからね。人間もそこは一緒だよ。

## デビュー24年目でのダービー初制覇も「思ったより早く勝てた」

**佑介**　ノリさんとの思い出はたくさんありますが、なかでもすごく印象に残っているのが、ロジユニヴァースで初めてダービーを勝った日の夜です。

僕はダービーには乗っていなかったんですが、その日は東京で乗っていたので、夜のお祝いの席でご一緒させてもらったんです。

**横山**　そうだっけ？　覚えてない……（苦笑）。

**佑介**　ノリさん、めちゃくちゃフワフワした感じでしたからね（笑）。ジョッキー仲間を含め、関係者はみんな「あの横山典弘がやっとダービーを勝った！」という雰囲気だったんですけど、ノリさん本人は「思ったより早く勝てたな」とおっしゃっていて。

その言葉がすごく印象に残っています。それこそ、勝った者だけが知る〝ダービーの重み〟を感じさせる発言でした。

**横山**　なんだったんだろうなぁ。とりあえずね、いまでも鮮明に覚えているのは、「この馬、スゲーな」と思ったこと。弥生賞まではよかったのに、皐月賞を惨敗（1番人気14着）したでしょ？　俺はその時点で、「ああ、これは今年もダービーは勝てないな」と諦めていたから。

大観衆の前で、勝利を噛みしめる横山典弘騎手（撮影:下野雄規）

**佑介**　中間の馬の状態はどうだったんですか？

**横山**　「ノリのなかに悪いイメージを残したくない」という萩原（清調教師）先生の意向もあって、攻め馬には乗らなかったんだけど、競馬当日に久々に乗ったとき、「よくなってるな」とは感じたんだよ。そうはいっても、それまでの経験上、簡単には勝てないのがダービー。だから、信じ切れないまま乗ったというのが正直なところ。

でも、逆にそれがよかったのかもしれないね。いろんな意味で「勝ちたい！」という意識がどんどん薄れていって、結果的に勝負の気配を消したみたいな感じになった。

でもね、やっぱりあの馬はすごかったよ。ダービーのあと、ちょっとトモを悪くしてしまって、彼の本当の走りはダービーが最後になってしまったけれど、状態が整わないなかでも「あわや」というところまで頑張ってくれたからね。やっぱりダービーを勝つ馬はスゲーなっていまでも思うよ。

**——ダービーのあと、確かロジユニヴァースに謝ったとおっしゃっていましたよね。「信じてあげられなくてごめんなさい」と。**

**横山**　うん。あのときは本当にそう思った。でも、さっき言ったように、逆にそれくらいでちょうどよかったのかもしれないね。だいたい勝負事って、力を入れたときほどろくなことがない。昔から「ノリが強気のときは負ける」と言われてたし（笑）。少し謙虚な気持ちで臨んだほうがいいんだろうね。

**佑介**　安藤（勝己）さんからも、よく言われました。「勝とうと思っちゃダメなんだよ。絶対に馬に伝わるから」と。

**——勝負事において、ものすごく高度な精神論ですよね。**

**横山**　そうだね。勝つためにするべきいろんなことは、もう十分にやっている。あとは気持ちひとつとなったとき、人間の勝ちたいという欲が一歩前に出てしまうと、それが勝負の邪魔をしてしまうんだと思う。だから、そこで一歩引いて〝ふつう〟を心掛けたほうが、よりなめらかにいくということ。

**佑介**　ですよね。そういう話を安藤さんから聞いたとき、僕も自分に「勝とうと思うな」と言い聞かせて乗ったこともあるんですが、それは違うなと思ったんです。

まさにいまノリさんがおっしゃったように、技術も含め、勝つための準備がすべて整っている人たちが、最後にたどり着く境地なんだろうなと。だから、いまの僕や若手が「勝たなくていい」と思って乗るのは、絶対に違うんですよね。

**横山**　うん、それはそうだね。

**佑介**　ノリさんは、その境地に近づいてきているんだろうなと思いますけど。

**横山**　どうかなぁ。安藤さんだってさ、「競馬なんて勝とうと思うからダメなんや。そんなん思わなくても、勝つときは勝つんやから」とか言った直後に、狭いところをこじ開けて騎乗停止になったりしていたからね(笑)。心のなかではそう思っていても、いざ勝ち負けになったらそんなもんだよ。

**――安藤さんご自身も、「無の境地になりたかったけれど、結局、最後までなれなかった」とおっしゃっていました。**

**横山**　そうでしょ？　なれない、なれない(笑)。

**佑介**　でもやっぱり、ノリさんもそこを目指しているんですか？

**横山**　いや、逆にいまはそんなことは求めてない。むしろ、もっと気楽でいいんじゃないかと思っている。無になる必要もないし、もっと楽しんでいいんじゃないかって。
いままで散々いろんなことをやってきて、勝つために神経をすり減らして、そのおかげでバカみたいな酒の飲み方をしてさ。体も痛めたし、気持ちもすり減らしてきた。
そんなふうになるくらいなら、自分に対してもっと大きく、ゆったりと構えたほうがよっぽどいいんじゃないかといまは思う。自分にいいということは、馬にとっても絶対にいいはずだし。だから、いまは無の境地とか、そんな高いところは求めてない。
**佑介**　お酒をやめて、ずいぶん経ちますよね。
**横山**　うん。そもそも酒が好きじゃなかった。俺の飲み方、変だったでしょ？　本当に酒が好きな人は、もっと上手に飲むもんね。酒をやめてから、武史の師匠（鈴木伸尋調教師）にも言われたよ、「酒が好きな人の飲み方じゃなかった」って。「この人、よくわかってるなぁ、さすがだな」と思った。
**――いろんなことを忘れるためだったり、自分を解放するために飲んでいたのですか？**
**横山**　ん～、そうだね。当時、なんのために酒を飲むのかと聞かれたら、「壊れるために飲む」って答えてた（笑）。バカだったよね、ホントに。体も心も壊れて。
**佑介**　若い頃、ノリさんが食堂でお酒を飲んでいると、食堂に入っていけませんでした。近づくと危ないから（笑）。

**横山** 大迷惑だったよね。本当にすみませんでした（苦笑）。

## 今後のビジョンは「これまでのように、最後も流れのままに」

**佑介** よく和生や武史と食堂で競馬の話をしているじゃないですか。いつもうらやましいなぁと思いながら見ているんです。僕らからしたら、〝あの横山典弘〟から毎レース指導を受けられるなんて……という感じですから。特権ですよね。

**横山** どうなんだろうねぇ。そこはなんとも言えないよ。

**佑介** イズムはちゃんと受け継がれていると思いますよ。馬の扱いなどを見ていると、ふつうなら教えられて身についていくものが、感覚として元から備わっているように感じます。ただ、武史いわく、「酒を飲むなとかタバコを吸うなとか、父の言いつけはだいたい守ってきたつもりだけど、乗り方だけは絶対に言うことを聞くつもりはない」と。そこがまたおもしろいというか。

**横山** それでいいと思う。俺だって親父の言うことを聞かなかったしね。結局、そのレースのことは、そこでその馬に乗っかっていたヤツにしか本当のことはわからない。

だから、和生も武史も、自分が感じたままに乗ればいい。それをレース後に俺がああだこうだ言ったって、それはもう後の祭りであってさ。

**佑介**　騎乗スタイルについてはどうですか？　武史いわく「親父は僕のヨーロピアンスタイルを相当嫌がっている」と……。

**横山**　俺はどっちかというと、ああいう乗り方よりフランキー（デットーリ）みたいな乗り方や、アメリカンのほうが好きだからね。だから、「いつまでその乗り方してんの？」とかいつも言うんだけど、どこを目指すのかは武史自身の問題だということはわかっている。

**――横山さん、ここでサプライズゲストの登場です。**

**横山武史**（以下武史）　お疲れさまです！

**横山**　おっ、おぅ……。

**武史**　サプライズなのに、全然驚いてくれない……（苦笑）。

**横山**　迎えに来たのかと思った（笑）。

**――前回、ご出演いただいたとき、「僕のヨーロピアンスタイルの乗り方について、こういう取材の場で父がなんて言うのか興味がある」とおっしゃっていましたよね。いまちょうどその話をしていたところです。**

**武史**　なんと言われようが、僕は貫こうと思ってますけどね。

**横山**　それでいいと思う。でも俺は俺で「いつまでやるの？」って言い続けるよ。たぶん、言わずにはいられないだろうから。もちろんね、続けるかやめるかは武史次第。俺が言っていることが必ずしも正解とは限らないから、自分で感じたとおりに乗ればいいと思う。
だいたい俺の真似をしたところで俺にはなれないわけだし、俺を超えることもできない。やっぱりそこはオリジナルで切り開いていかなくちゃ。酒だって、武史が飲みたきゃ飲めばいいんだよ。俺が「絶対に飲むな」と厳しく言ったのは、武史が十代の頃の話でさ。

**武史**　お酒を飲んだら、間違いなく調子に乗っちゃうので……。

**横山**　お前は俺に似てるからな（笑）。俺もさ、前の晩に酒を飲んだせいで調教に出遅れたりとか、散々失敗してきたからわかるんだけど、周りを見ても「あれだけ乗れていたヤツがなぜ乗れなくなった？」といえば、だいたい原因は酒。そういうのは、本当にもったいない。佑介たちの世代は、あんまりそういう話は聞かないけどな。

**佑介**　現代っ子なんで（笑）。それにノリさんをはじめ、先輩たちからも「気をつけろよ」と言われてきましたからね。話は変わりますが、やっぱりどうしてもお聞きしたいのは今後のビジョン。乗れるところまで……という感じですか？

**横山**　そうだろうね、たぶん。自分で「もうダメだな」と思うまで乗り続けるんじゃないかな。でも、それがいつまでかはわからない。「もうダメだ」と思ったら、来年いきなり辞めちゃうかもしれないし、10年後も乗っているかもしれない。
最初にも話したけれど、ジョッキーになろうと思ったこともなく、ホントに流れのままにここまで来たから。だから最後もそんな感じなんじゃないかな。

**佑介**　ノリさんがバリバリのうちに、息子ふたりも同じステージに上がってきて、大きいレースで一緒に乗っているところを見てみたいです。

**横山**　それはいいね！　70歳くらいで孫とも一緒に乗っちゃったりして（笑）。やっぱり子どもたちと一緒に乗るのはもちろん、いまは彼らの活躍が素直にうれしい。この春（2019年）も、武史がリオンリオンでダービーに乗せてもらったでしょ？　オーナーには感謝しかなかったし、本当にうれしかった。
去年、和生がエルムSをハイランドピークで勝ったときも、一緒に乗っていたけど、自分のことよりうれしくてさ。勝負のなかでは負かしてやろうと思っているけれど、勝ったときの高揚感とか衝撃は、自分が勝ったときより子どもたちが勝ったときのほうがいまは強いかな。

**佑介**　僕のなかのノリさんのイメージも、いまやすっかり〝和生と武史のお父さん〟ですからね（笑）。自分が乗っていないレースに和生や武史が乗っているときは、モニターに向かってめっちゃ叫んでるし（笑）。

**横山**　馬券を買っていないというだけで、競馬ファンの〝オジサン〟と一緒です（笑）。俺もそうだったけどさ、最初は「横山富雄の息子」だったのが、いつの間にか親父のほうが「ノリさんのお父さん」と言われるようになって。（武）豊だってそうでしょ？　いまや武邦※さんといえば、「武豊のお父さん」だからね。

俺もね、早くそういうふうに言われたいな。ただ、酒を飲んで調子に乗って「やっぱりノリの息子だ」って言われるのだけはやめてほしい（苦笑）。

**武史**　そこは大丈夫（笑）。僕は飲まないって決めているから。でも、GⅠを勝ったら解禁するかも。和生か僕がGⅠを勝ったら、お父さんも一緒に飲むでしょ？

**横山**　いや、俺はもう絶対に酒は飲まない！

**佑介**　そこは頑ななんですね（笑）。さて、マジメな話はこのへんで終わりにして……。次は番外編として、『横山典弘の都市伝説』に迫っていこうと思ってます！　ノリさんには伝説がたくさんありますからね（笑）。

**横山**　昔の話でしょ？　酒もやめて50歳も過ぎて、いまはもう〝NEW・横山典弘〟なんだからさ。昔の話を蒸し返すのはやめようよ～（苦笑）。



※武豊騎手の父、故・武邦彦氏のこと。元JRA騎手で、関西所属騎手では初の1000勝を記録した名騎手。引退後は調教師として活躍した。

## 噂の検証①
## ミスタードーナッでショーケースにある商品を全部買い占めた

**横山**　あ、それはホントの話。
**佑介**　伝説ですよね（笑）。
**横山**　買い占めたといっても、もう遅い時間だったからそれほど……。いや、10箱くらいはあったかな（苦笑）。
**――調教に出遅れたお詫びとして買っていったという説も。**
**横山**　いやいや、そんなんじゃないよ。同じようなことを前からやってるの。昔は中京も滞在で、ある日「牛丼が食いたいな」と思って、20個くらい寮に持って帰ったことがあって。そうしたら、次の日たまたま食堂の人が炊飯を失敗したらしくて、俺が買っていった牛丼のご飯がすごく重宝されたっていう（笑）。
あとは、コンビニでカップラーメンを買い占めて、食堂に積んでおいたこともあったなぁ。
**――なるほど。横山さんにとっては、特にめずらしい行動でもないわけですね。**
**横山**　そうそう。子どもの頃の夢を叶えているようなもので。
**佑介**　確かに子どもにとって〝おとな買い〟は憧れですよね。

**横山** そうでしょ？ 子どもの頃、「おとなになったら1リットルのコーラをラッパ飲みしてやる！」とか、「ヤクルトをジョッキいっぱいに注いでガブガブ飲みたい」とか思ってたもん（笑）。

**佑介** わかります。僕はノリさんへの憧れが高じて、伝説の真似をしました（笑）。

**——佑介さんも〝買い占め〟を実行されたんですか？**

**佑介** はい。ドーナツを買い占めたこともあるし、コンビニでやきそば弁当を全部買ったこともありますよ（笑）。

## 噂の検証②
## 馬房の中で、よく馬と一緒に昼寝をしていた

**横山** ああ、昔はそんなこともあったね。攻め馬が終わってから、あちこちの厩舎に顔を出して、行く先々で酒を飲んでいた時期があって。で、ホロ酔いで馬を見に行って、そのまま馬房のなかで寝ちゃう、みたいな。

**——そういうときって、馬も横になって寝ているんですか？**

**横山** ほとんどの馬は立っていたけど、なかには一緒に横になっている馬もいたよ。

そういえば当時、クラウンシチーっていう馬がいてさ。噛みついてきたり蹴ってきたり、すごく気の悪い馬で、厩務員さんも安易に近寄れないくらいだったんだけど、俺、その馬の馬房で昼寝していたんだよね。そうしたら厩務員さんが、「大変だ！　ノリが蹴られた！」って騒ぎだして……。

**佑介**　ああ、蹴られて倒れていると思われたんだ（笑）。

**横山**　そうそう（笑）。もう大騒ぎになっちゃって。俺はただ酔っ払って寝ていただけなんだけどね（笑）。酔っ払って馬房に行くと、馬も「こいつヤバイな」と思って、逆に冷静になるのかも（笑）。

**佑介**　子どもを噛まないのと同じ理屈かもしれませんね。本当に警戒心がない人には、馬はなにもしてこないって言いますからね。

**——佑介さんは、馬とお昼寝した経験はないんですか？**

**佑介**　僕も馬が大好きだから、乗馬用のおとなしい馬のお腹に頭を乗せて寝っ転がったりしたことはあるけど、さすがにノリさんみたいにぐっすり寝たことはないです（笑）。

## 噂の検証③ じつはネットの某巨大掲示板を見ている

**佑介** これは噂というより僕情報なんですけど、前に「佑介、2ちゃんねる（現在は5ちゃんねる）って知ってるか？」って聞いてきたことがありましたよね？

**横山** そんなこと聞いたっけ？

**佑介** はい。ノリさんの口から〝2ちゃんねる〟という言葉が出たこと自体、すごく意外だったんですけど。

**横山** それそのものは見てないよ。ただ、たまに携帯でなにかを調べたりしていると、〝横山典弘〟つながりでそういう記事が出てくることがあって。たとえば、ホクトベガの話だとか、藤沢（和雄）先生との話だとかさ。そういうのを見てね、「みんな勝手なこと言ってるなぁ」と思うわけ。

**佑介** ああ、そういうことなんですね。

**横山** うん。さすがに2ちゃんねるは見ない。俺もそこまで心臓強くないから（笑）。あと、〝ポツン騎乗〟がどうのこうの言われているのは知ってるよ。

**――以前、福永（祐一）さんのコラムでも横山さんの「ポツン騎乗」を解説した回がありましたが、すごいアクセス数だったと聞きました。みんな興味津々なんですね。**

**横山**　そうなんだ。そんなにアクセスがいいなら、俺自身がしゃべろうか（笑）。あのね、勝負のポツン騎乗なのか、そうするしかないポツン騎乗なのかで全然違うから。

たとえそうするしかないポツン騎乗であっても、ひょっとしたら、もしかしたらっていう期待を込めて、後ろからソーッと行くこともある。もちろん、そのままなにもできずに、単にケツからケツで終わってしまうこともあるけどね。

だから、ポツン騎乗とひとくくりに言われても、馬の状態の良し悪しを含め、ホントにいろんなケースがあるから。それを取材にも来ないで批判してくる記者もいるからね。

なにも考えずにポツン騎乗をしているわけではないのに、すべてをジョッキーのせいにされてしまう現状も、はっきり言ってどうかと思うけどね。

## 噂の検証④
## 「武豊騎手の歴史を塗り替えてほしい」という思いから〝武史〟と命名した

**横山** そうそう、豊の歴史を塗り替えてほしくて、俺が考えたんだよ。
**武史** えっ⁉ その話、ホントだったの？
**横山** そんなわけねーだろ（笑）。
**武史** なんだよ、もー！
**横山** 俺じゃなくて、嫁さんがつけたんだよ。「かずお」とか「たけし」とか、いまどきではないけれど、親しみやすくて呼びやすい名前が一番だということで。
**――じゃあ、この噂はウソということですね。**
**横山** うん。ただ、実際にどうなるかはわからない。本当に歴史を塗り替えるかもしれないし。
**武史** もちろんそうなりたい。それ以前に、小さい頃から「お父さんの記録を超えたい、お父さんより活躍したい」とずっと思ってた。「俺を超えたいんだったら、俺と同じことをしていたら無理だ」とも言われていたし。

**佑介**　その言葉がいまの武史の原動力になっているんだね。

**武史**　そうですね。あと、競馬学校に入る前だったかな、「お前は将来、どうなりたいんだ？それを突き詰めて考えれば、おのずとなにをすべきか答えが見えてくるだろ？」って言われたことをすごく覚えています。

**佑介**　名言ですねぇ。

**横山**　俺、けっこういいこと言ってるな（笑）。実際は名言でもなんでもなくて、自分が思ってやってきたことをただ伝えているだけなんだけどね。

**――武史騎手にゲストでご出演いただいたとき、「父を負かす気しかない」と力強くおっしゃっていたのが印象的です。〝目指せ、横山典弘超え〟ですね！**

**武史**　はい！

**横山**　俺もデビューしたばかりの頃から「絶対に誰にも負けない」と言ってきた。そんな俺の息子だからね。でも、親として一番に思うのは、とにかく無事にということ。勝負は勝つも負けるも時の運だから。健康で無事に乗っていってくれれば、それ以上うれしいことはないね。

対談を振り返って

## 改めて唯一無二の存在であることを実感

あまりこういった取材を受けられないノリさんですが、この対談については快く引き受けてくださいました。当日は、ノリさんが終始楽しそうにお話をされていて、それが一番うれしかったです。実際、最後に「今日は楽しかった」と言ってくださったこと、これ以上のホスト冥利はありません。新人時代の貴重なエピソードから、ダービー初制覇の裏話、都市伝説の真相などなど、どれもこれも型破りで、あらためて唯一無二の存在であることを実感しました。和生も武史も大活躍中で、ジョッキーとしてもお父さんとしてもますます楽しそうなノリさん。僕もまだまだお聞きしたいことが山ほどあるので、虎視眈々と次の機会を狙っていきたいと思っています。

提供：netkeiba.com

2019.11

# #10 和田竜二 with 佑

## 日本一元気な42歳 〝和田竜二〟を大解剖！

Ryuji Wada

1977年6月23日生まれ、滋賀県出身。同期は福永祐一騎手ら。「競馬学校花の12期生」として、96年にデビュー。99年、皐月賞をテイエムオペラオーで制しGI初制覇。以降、同馬とのコンビで春秋天皇賞、有馬記念などGI・7勝を挙げる。12年、JBCクラシック（交流GI）をワンダーアキュートで制し、11年ぶりのGI勝利をおさめた。20年、中央競馬史上24人目の通算1300勝を達成。

JRA通算勝利数（2020年10月5日現在）：1324勝（重賞44勝）

## ものすごい仕事量なのに、体力も気力も十分な42歳

**佑介** 和田さん、今日はよろしくお願いします！ 単独インタビューや（岩崎）翼との対談など、netkeibaにはけっこう出ていますよね。いつも見てますよ。

**和田** netkeibaは、ほとんど俺で持ってるようなもんやで。知らんけど（笑）。で、今日はなんの話をするの？ 「太論」※についてでも語ろか？

**佑介** 和田さんもけっこうヘビーユーザーですね（笑）。え〜、今回のテーマはですね、「日本一元気な42歳、和田竜二を大解剖！」です。和田さん、ホントに元気ですよね。

**和田** 確かに俺、体力あるわ。それは自分でも思う。家でもね、よう働いてるもん。さすがの俺も、今年はちょっと疲れているけど。

**佑介** 競馬終わりの土曜日の夜、調整ルームにいるときの和田さんは〝42歳のオジサン〟だけど（笑）、日が出ているうちは、それはもう誰よりも元気。ものすごい仕事量なのに、体力も気力もありますよね。

**――なにしろ圧倒的な騎乗数ですからね。今年（2019年）も現時点（11月10日）で、全ジョッキー中、唯一の800超えです。**

※小牧太騎手がnetkeiba.comで連載中の人気コラム。

**和田**　そうなん⁉　そんなに乗ってる？　自分では、今年は少ないなと思っててんねんけど。

**佑介**　800で少ないって……。いま800ということは、だいたい年間で900鞍近く乗るということですよね？　下手したら、僕の2年分の騎乗数なんですけど（苦笑）。

**和田**　俺ね、数を乗らんほうが逆に疲れるんやわ。（レースとレースの間が）空くとしんどい。乗りっぱなしのほうが集中力を保てる。

**佑介**　ホンマですか⁉　やっぱり慣れなんですかねぇ。僕は和田さんとは逆のタイプで、レース間隔が詰まっているより、適度に空いていたほうが集中できるんです。まぁ1日10鞍前後を毎週毎週乗り続けたら、和田さんの領域にまで行けるのかもしれないけれど。そういえば、（松山）弘平も和田さんと同じようなことを言ってました。

**——ちなみに今年、現時点での騎乗数でいうと、802鞍で和田さんが1位、2位は774鞍で三浦皇成騎手、3位が763鞍で松山騎手です。**

**和田**　マツも俺と似たようなタイプやからね。

**佑介**　弘平いわく、1日10鞍近く乗るなかで、勝ち負けの馬ばかりではなく、なんとかひとつでも上の着順に……という馬があいだにいたほうが集中して乗れるそうです。

**和田**　わかる。俺もその方が仕事の質が深くなる感じがするから。走る馬の場合、こっちがそんなに苦労せんでも走ってくれたりするけれど、そういう馬ばかりになると、「力の足りない馬をいいところに持ってくる技量」が磨けへんくなる。だから、俺もやっぱりそこは幅が広いほうがいい。

そもそも、1日のうちに1番人気馬を何頭も勝たせなアカン人たちとは、ちょっと仕事が違うからね。仕事が違えば、なにを楽しいと思うかも違うし。

**――和田さんは、「なんとか8着までに……」というタイプの馬も、仕事として楽しんでらっしゃるんですよね。**

**和田** うん、楽しいねぇ。それで5着や3着に持ってこられたときは、厩舎のスタッフがものすごい笑顔で迎えてくれるわけやん。俺もうれしいし、めっちゃテンションが上がる。自信にもなるしね。

## 〝体の再生方法〟をわかっているから、土日で20頭は全然平気

**佑介** 体力もそうですが、気力もタフというのはそういうところですよね。いったいどう過ごしたらそんなにタフになれるのか……。ちなみに、調整ルームでは何時に寝ているんですか？

**和田** 俺、寝るのはけっこう遅いで。

**佑介**　そうなんですか？　土曜日の夜、5時とか5時半とかめっちゃ早い時間に夕ご飯食べてますよね？　そのときすでにパジャマ着てるし（笑）。

**和田**　昼間に動き過ぎて、夕方には腹が減るねん！　その時間に食うもんやから、寝る前にまた腹が減ってしまうんやけど（笑）。でも、我慢しながら、10時とか11時くらいまでは起きてるよ。

**佑介**　10時、11時に寝るって、僕から言わせれば十分早いですよ。僕はだいたい2時くらいまで起きてますからね。睡眠時間は、6時間くらいがちょうどいい。

**和田**　ホンマに⁉　俺はだいたい7時に起きるから、9時間とか10時間とか寝てる……。6時間がちょうどいいなんて、同じ人類とは思えん（笑）。

**——その睡眠時間も、和田さんの元気の源かもしれませんね。それにしても10時間は……。小学生並みですね（笑）。**

**和田**　5時くらいにいったん起きるの！　で、また寝る（笑）。あのね、元気、元気っていうけど、俺だって3日間開催の3日目はさすがにしんどいよ。

**佑介**　そりゃそうでしょう（笑）。和田さんの場合、3日で約30頭に乗るわけですから。

**和田**　3日間開催の3日目になると、さすがに体が悲鳴を上げてる（苦笑）。でも、土日で20頭乗るぶんには、全然平気やねん。なぜなら、体の再生方法をわかっているから。

**佑介** 疲れた筋肉の戻し方ですか？

**和田** 「戻す」というより、「再生する」感じやね。

**――マッサージとか整体系ですか？**

**和田** いや、それだけじゃ無理。やっぱり自分で体を動かしていかないと戻らない。1週間のローテーションができてるんやけど、そのうち2回は京都のジムに行って、疲れを取りながらのコンディショニングトレーニングをやってる。

俺ね、初動負荷運動だけで生きてるから。筋肉をつけるわけではないけれど、可動域だけはしっかり1週間で戻しているから、土日の2日間ならフルで乗っても全然平気やねん。

**佑介** いま、さらっと言いましたけど、京都のジムに週2回通うって、なかなか大変じゃないですか？

**和田** いや、そこに行けば体が再生するのがわかっているから、もう行きたくて行きたくてしょうがないねん。ほかの用事を断ってでも行きたい。もうね、お願いだから行かせてくれ！みたいな（笑）。

## 和田さんほどオンとオフのギャップの激しい人はいませんよ！

**――和田さんがテイエムオペラオーで皐月賞を勝ったのは、佑介さんが13歳のとき。すでにジョッキーを目指していた頃ですが、当時の競馬界にはどんなイメージを持っていますか？**

**佑介**　テイエムオペラオー、ナリタトップロード、アドマイヤベガのあの年は、僕が一番、競馬にのめり込んでいた時期です。

確かオペラオーが勝った皐月賞は、高速を走っているときにレースの時間になってしまって、わざわざサービスエリアに車を停めてもらってレースを見たんです。画面に向かって、「和田ァー！」って叫んでました（笑）。

**和田**　ああ、聞こえた、聞こえた（笑）。

**佑介**　三者三様の3強がいて、クラシックをひとつずつ分け合うなんてなかなかないじゃないですか。だからとにかくおもしろくて。（安田）康彦さんのことは小さい頃から知っていたので、オペラオーとメイショウドトウの対決も、すっごい興奮して見ていましたね。

和田さんとは面識はありませんでしたが、若いジョッキーだということは知っていたから、すごい人だなぁと思ってました。

テイエムオペラオーが勝った1999年の皐月賞、内が3着のナリタトップロード（撮影：下野雄規）

**――その〝すごい人〟が、じつは宴会部長としても辣腕を振るっていることをデビューしてから知るわけですね。**

**佑介**　そうです。デビューした頃は、逆に宴会部長のイメージしかなかった（笑）。普段は物静かなのに、お酒が入ると急に壊れる、みたいな。もうね、ギャップが激し過ぎて（苦笑）。

**和田**　俺、酒はあんまり関係ないで。騒げる場にいたら騒ぐ、というだけで。

**佑介**　それにしても、和田さんほどギャップの激しい人はなかなかいませんよ。宴会のときの和田さんを見て、「めっちゃおもろい先輩やなぁ」と思うじゃないですか。で、翌朝「おはようございます！」って元気に挨拶すると、チラッとこっち見て頷くだけだったり（笑）。「えーッ！　夕べのアレはなんやったんや……」ってなりますもん。

**和田**　それはね、電源がオフのとき（笑）。

**佑介**　鬼オフですよ！　おそらくファンの人は、和田さんが普段は物静かな人だということを知らないでしょうね。イベントでおもしろい格好をしてはっちゃけてる姿や、オペラオーのときの「シャー！」の印象が強いでしょうから。

**和田**　俺にとってイベントは仕事！　っていうか、もともとは授業中ずーっと騒いでるような子どももやったし、競馬学校でもはっちゃけているキャラやった。だから、同級生や同期は、誰も俺のことを〝物静か〟なんて思ってへんわ。

**佑介**　そうなんですね。宴会のときはともかく、僕のなかの和田さんのイメージは〝寡黙な職人〟なんだけどなぁ。だって、普段はめっちゃ物静かじゃないですか。

レース中もほとんど声を出さないし、レース後に熱くなって怒っている姿も見たことがない。だから、和田さんに怒られたときはすごく反省するんです。めったに怒らへんから、素直に「はい、すみません……」てなる。

**和田**　そうやって怒るときは、たぶん家でイライラすることがあったときやな……。

**佑介**　えーッ！　僕、家庭のイライラをぶつけられてたんや（笑）。

## こんなこともできんと、GⅠの1番人気に乗れるかーッ！

――そのようです（笑）。さて、あらためて宴会部長としての手腕と実績に迫っていきたいのですが、和田さんが辣腕を振るうのはファンを招いてのイベントだけではなく、毎年行われるジョッキーの新年会や、2年に一度企画される騎手会の旅行の宴会もプロデュースされているそうですね。

**佑介** どちらも和田さんが司会進行役です。おもに新人の子たちになにかやらせるんですけど、その演目も全部、和田さんが考えて。

**――佑介さんも、和田さんからの無茶振りに応えてきたんですか？**

**佑介** 最初の頃は、振られたらなにかせなアカンと思っていましたが、そもそも僕はイジられキャラじゃないし、途中でやりたくないときはスルーしてもいいことに気づきましたから（笑）。

**和田** 俺がイジるのは1年目の子たちだけやで。でもね、そういう場があるから、関西は輪のなかに溶け込みやすいねん。新人は全員取り上げるからね。ひとりも逃さへん！

**佑介** 和田さんは、おとなしくてキャラが立ってない子ほどイジりますからね。逆に、ようしゃべるヤツは、「お前はもういい」とか言われて（笑）。

**和田**　一番目立たへんような子には、光を当ててやらんと。とにかく俺は、みんなを盛り上げたい。その一心でやってるんやけど。

**佑介**　しかも、演目は和田さんが事前に決めて、新人は決められたことをやればいい。その場でいきなり「なにかやれ」と言われるよりも、よっぽど優しいと思いますよ。

**――これまでにやってきた演目というと？**

**和田**　一番おもしろかったのは、浜中や（藤岡）康太の期の「ものまね紅白歌合戦」かな。その年に話題になった人たちのものまねをさせたんやけど、カツラボクサーとかめっちゃおもろかった（笑）。

俺、テレビを見ていておもろいなと思った人やネタは、新年会のために書き留めてるからね。

**佑介**　ネタ帳があるんや（笑）。基本的に、和田さんのセンサーに引っ掛かった時事ネタですよね。あ、ローション相撲もあったなぁ。あれもめっちゃおもしろかった。

**――けっこうハードというか本格的というか。以前、テレビで武豊さんが「俺、和田の後輩じゃなくて本当によかった……」としみじみおっしゃっていたのもうなずけます。**

**和田**　豊さんだって、ハリセンで叩かれたり、パンスト被らされたりしてんで（笑）。

**佑介**　豊さんも、やるときはやりますよね。怒ったりしないし、むしろそういう場ではやってもいいよ、みたいな。そこは関西人やなって思います。
さっき和田さんが言ったように、そういう機会があると新人たちも溶け込みやすいし、むしろ和田さんからの無茶ぶりに助けられているところはあると思いますよ。
**和田**　とりあえず度胸がつくよ。「こんなこともできんと、GIの1番人気に乗れるかーッ!」って言いながら、いつも送り出すねん。そうしたらね、けっこうみんなやり切る。で、そこでひとつ成長すると。
**――いつも演目は和田さんがひとりで考えているんですか?**
**和田**　そう。考えるのは全部俺。ひとりで考えながら、ひとりで笑ってんねん(笑)。昔は宴会で着る衣装も自分で縫ったりして。調整ルームでちょこちょこ縫ってたんやけど、ふと我に返って、「俺、なにしとんねん」とか思ったり(笑)。
**佑介**　もうね、宴会のプロですよ、和田さんは。
**和田**　まぁプロデューサーやな。宴会プロデューサー、ひょっとしたら天職かもしれん……って、なんの話やねん!

## 日本人は、引っ掛かっているのではなく引っ掛けている

**佑介**　僕のなかで和田さんというと、家でもずっと競馬を見ているイメージがあって。海外の競馬とかも見てません？

**和田**　見てるねぇ。酒のつまみに、あらゆる国の競馬を見てる。なんならバーに行ってもフランスの競馬を見ながら飲んでたり（笑）。繋駕速歩競走（けいがそくほきょうそう）とか、めっちゃおもろいで。

**佑介**　そっち系も見てるんですね（苦笑）。和田さんはホンマに勉強家だし、研究家ですよね。なにをするにしても、まずは自分で勉強して、納得してから進めていくタイプというか。黙々とやってますもんね。

**――しかも、誰にもなにも言わずに陰で努力してそうな……。勝手なイメージですが（笑）。**

**佑介**　そうです、そうです。肝心なことはいっさいしゃべらず、しゃべっていることはだいたい余計なことばかり（笑）。だからね、和田さん、今日はちょっとマジメな話をしてほしいなって。

**和田**　さっきからしてるよ！　まったく失礼な（笑）。でもさ、人にわかってもらいたいこ

となんてあんまりないんだよね。（乗馬をしている）息子とはいろいろ話したりするけれど、やっぱりよう伝わらへんもん。

**佑介**　結局は自分の感覚ですからね。

**和田**　でも、俺がいま取り組んでいることは、（福永）祐一と一緒やで。祐一のコーチの小野（雄次）さんが、毎週水曜日に角居厩舎の大仲で勉強会を開いていて、俺も厩務員さんたちと一緒にいろいろ教えてもらってる。もう7年くらいになるかな。

**佑介**　そんなに⁉

**和田**　うん。メソッドを習得するまでには時間が掛かるんやけど、おもろいねん。ためになるし。中堅になってくると、騎乗フォームに悩みが生じたとしても自分ではどうにもできん。でも、理論的に理解して、その理論どおりにちゃんとやっていたら、ちゃんと結果が出るようになった。小野さんのメソッドは運動力学がベースなんやけど、俺自身、いろいろ教えてもらっているうちに考え方が180度変わったから。

**佑介**　なかでも一番、目から鱗だったのはどんなことですか？

**和田**　馬の膝下から爪までは筋肉がないということ。その事実に驚いたわけではなくて、俺はそんな知識もなく乗ってたんやなって。

あとは、ヨーロッパの騎手がなぜ日本でバンバン勝つのか、乗り方がどう違うのかを説明されたんやけど、「日本人は引っ掛かっているのではなく、引っ掛けている」というところから始まって、なるほどなぁと思うことがいっぱいあった。

そういうことを理解して乗っていくうちに、競馬がどんどんおもしろくなってきて。そこからやな、競馬が好きになったの。それまでは正直、わからんことが多過ぎてしんどかった。

**佑介** 最近、そういう話を聞くと、世界のトップジョッキーたちは、そういうことを誰かに教えられて、理論的に理解して乗っているのか、それとも感覚的なものなのか、どっちなのかなと思うんです。

**和田** どうなんかなぁ。日本のジョッキーでは、少なくともアンカツさん（安藤勝己元騎手）は天才だったんだと思う。あの時代に、俺がいま取り組んでいるのと同じ理論で乗っていたからね。あれはおそらく教えられたものじゃない。（福永）洋一さんにしてもそう。

**佑介** 祐一さんから聞きましたが、洋一さんの現役時代のレース映像を見て、コーチの小野さんが驚いていたとか。

**和田** うん。あと、昨日はクリフジのダービーの映像を見ていたんだけど、（騎乗していた）前田長吉さんも俺が目指しているフォームとけっこう似てんねん。なんせ見習いでダービーを勝った人やからね。

**佑介** ホンマの天才なんでしょうねぇ。和田さんは、ここ数年で追い方も抑え方も変わりましたよね。追う動作に関しては、コツコツ取り組んでいけば理想に近づけそうな気がするんですが、僕が一番難しいと思うのは、やっぱり「馬を抑える」ということ。日本人ジョッキーと外国人ジョッキーの違いが一番出ている部分じゃないかと思うんですが、和田さんはどう思います？

**和田** そうかもね。そもそも俺たちは小さい頃から「とにかく抑えろ」と教えられてきたけれど、そこから入ったらアカンねんな。俺がいま取り組んでいることもまさにそこなんだけど、「抑える」という感覚じゃなくて、馬の跳びに合わせる。

前に進みたい動物に対して、引く動作はいらん。じゃあスピードの調節はどうするかといえば、それはそれでまた違うコントロールの仕方があって。それはやっぱり、海外の乗り役を見ていたらわかる。

**佑介** そうですよね。だから僕、いまのこの状態で、もう一度ヨーロッパに行きたいなって思っているんです。

**和田** 佑介は何年か前にフランスに行ったけど、行く前と行った後では全然違ったよね。

**佑介** でも、乗り方でいえば、あれで僕は崩れましたからね。

**和田** いや、崩れてないよ。あれはあれでいいんやって。むしろ日本に合わせる必要はない。

**佑介** そうなんですが、抑え方がやっぱり……難しいんですよね。いま、めちゃくちゃ変えたい。けど、難しい。

**和田**　抑えるときも、追うときのフォームでいいねん。だって、馬の動き自体は一緒なんやから。スタートからゴールまで、前に前に動かしておけばいい。（ライアン）ムーアが引っ張ってるとこなんて見たことないやろ？

**佑介**　確かに。

**和田**　俺が乗って、むっちゃ引っ掛かる馬がおったんやけど、ムーアが乗ったらまったく引っ掛かる素振りを見せなかった。「はぁ〜」と思ったね。結局、掛かると思っているのは自分なんだなと。

**佑介**　進路が開けている状態ならば、和田さんの言う理論もわかるんですよ。完歩（歩幅）を制限しなければ、馬は思っているより行かへんていうことはわかってますから。

逆に出していってやったほうが、自然とスピードをコントロールできるっていうこともわかっているんですが、自分のリズムで走れない位置で抑えなくちゃいけないのが競馬じゃないですか。それがホントに難しいです。

初動でスイッチが入ってしまうと、最後まで抑える形になってしまいますからね。外枠から外を回してくれれば、自分のリズムで走れるんですが。

**和田**　せやなぁ。さっき「それはそれでまた違うコントロールの仕方がある」と言ったけれど、俺も教えてほしいわ（笑）。まぁでも自分の馬のリズムで走れなかったとしても、極端に抑えんでもいいかなと俺は思ってる。だって、ハイペースで先行しても残れる馬はいるし、抑えたからって伸びる馬ばかりじゃない。引っ張れば引っ張るほど体力を失うのは間違いないわけで。

**佑介**　それはそうですね。

**和田**　とりあえず、前で抑えたいっていうのが俺はあるかな。後ろに引かずに、いかにスピードを調節するか。

**佑介**　（佐藤）哲三さんも同じことをおっしゃってますね。完歩を制限してはいけないと。

**和田**　うん。それはもう永遠のテーマやわ。やっぱり上のクラスに行けば行くほど脚力があるから完歩もでかいし、時計も出やすい。でも、それはその馬の完歩であって、その馬が平均して走れるリズムで俺はいいと思っていて、それを調教の時計合わせで制限してしまうのはナンセンスやなと思う。

レースでも、平均的に走れる馬が俺は強いと思っている。その馬の完歩で平均的に走れれば、ハイペースにもスローペースにも巻き込まれへん。

**佑介**　わかります。だから結局、一番大事なのはスタートですね。そういう競馬をしたくても、出遅れたらできませんからね。

## 短期免許の外国人騎手がいつもより勝っていない？

**和田**　この秋は海外からトップジョッキーがたくさん乗りに来ているけど、「あれ？　いつもより勝てないな」と思っているような気がせえへん？

**佑介**　ですね。昔はもっと簡単に勝てたのに……って思ってるんじゃないかと。

**――それだけ日本人ジョッキーのレベルが上がったということですよね。**

**和田**　うん。実際、ひと昔前は簡単やったからねぇ。

**佑介**　でも、現状でいうと、一矢報いるというか「いつもより勝てないな」と思わせるぐらいが限界だと思いませんか？

**和田**　そうやなぁ。だからこそ、これ以上世界のトップジョッキーたちと差が広がらんようにしたいと思うけどね。来年こそは、勢力図を変えていかなアカン。

**佑介**　そうはいっても、関西は上位の層の厚さが半端じゃないですからねぇ。よほどのアクシデントがない限り、クリストフ、（川田）将雅、祐一さん、豊さんまでは変動がないような気がします。

一方で、5位から15位くらいにいるジョッキーたちは、ちょっとした流れで順位が変わってきそうです。チャンスもあるけど、落とし穴もあるというか。

**和田** せやなぁ。俺の感覚では、上位はともかく、本場の勢力図はだいぶ動いてきていると思うで。ローカルはまだちょっとあれやけど……。

ローカルは「馬をどう動かすか」とかより、「勝ちたい！」という気迫が充満しとるからね（苦笑）。そんなか、理論的な乗り方を追求しているのが団野（大成騎手）。だから、ローカルだとバンバン勝つ。

**佑介** 大成には僕も注目しています。あいつは来年、絶対に跳ね上がりますよ。

**和田** 俺もそう思う。取り組んでいることがだんだんとモノになってきているし、余裕もある。ローカルでは、いい意味で浮いてるよね。今年の新人は、団野を筆頭に本当にうまい。自分の昔の映像なんて絶対に見せられへん（苦笑）。

**佑介** 見せられませんねぇ。ホンマに恥ずかしい……。イベントとかで初勝利のときの映像を流されたりするじゃないですか。アレ、ホンマに流さんといてほしいと思う（苦笑）。

**和田** わかるわ～。俺、いま自分のデビュー当時の映像を見たら、たぶん吐くわ。ウェーッてなる（笑）。

**――ウェーッて（笑）。そういえば以前、「いまの自分の技術を持ってオペラオーに乗りたい」とおっしゃってましたね。**

**和田**　ああ、言ってたね。でも、いま乗りたいのは5歳になってからのオペラオーね。前半の俺の乗り方は、あれはあれでいいねん。オペラオーの邪魔はしていないから。

**佑介**　連勝している頃のオペラオーにいまの和田さんが乗ったら、逆に取りこぼしたりして（笑）。

**和田**　それはある！　余計なことしてな。

**佑介**　僕もスーパーホーネットにいまの自分で乗りたいと思ったことがあったけれど、よく考えたら、乗っている姿勢については悪くなかったなと思うところもあるんです。

当時は走る馬にたくさん乗せてもらっていたので、〝ここに乗っていれば馬の邪魔をしない〟というポイントを感覚的に知っていたんだろうなと思います。

## ポテンシャル不足で結果が出ない馬は意外と少ない

**――騎乗論を語るうえで、「馬の邪魔をしない」というのは昔からよく聞かれる言葉ですが、いまはむしろ人間が主導権を握る乗り方が主流になっていませんか？**

**和田**　うん。外国人ジョッキーに勝とうと思ったら、自分主導でいかなアカン時代になってきたような気がするね。そうじゃないと勝たれへん。

**佑介**　スミヨンが乗っている姿を見て思うんですが、それを実現するためには、大きな体とか長い手足とか、体が重要になってきますよね。

　後躯を動かしていくことと、首を含めた前躯を動かしていくことを同時にやるのはすごく難しいけど、たぶん外国人ジョッキーたちは両方同時にできる。デットーリは小柄だけど、めっちゃ腕が長いですし。

**和田**　デットーリはね、関節のつき方からして人とは違う気がする。ふつうに歩いている姿を見ていてそう思うよ。だって馬乗りがあんなジャンプ（フライングディスマウント）をして、どうもないんだよ？　おかしいって（笑）。

**佑介**　バネがすごいですよね。

**和田**　うん。足首がすごく柔らかいから、クッションが効いてるんだと思う。それがあの年齢まで崩れずにきているのがまたすごい。

**佑介**　ですよね。デットーリが追っている姿を見ていると、まるで馬の体の一部のような感じがしますもん。

**和田**　妖怪か！　またはケンタウロス（笑）。

**佑介**　アハハ！　でも、いい時代ですよね。彼らと一緒に乗ると、ホントに刺激になる。

**和田**　おもしろいよねぇ。そのぶん、常にモチベーションを上げておかんと！　油断しようものなら、引きずり下ろされるわ。でも、それくらいでいいねん。あれこれ考える必要がないから、逆に集中力が保てる。

**佑介**　年間1000鞍近く乗っても、集中力が保てる42歳……。和田さん、やっぱりすごいわ（笑）。土日で20鞍以上乗ってなお、日曜日の最終も誰よりも激しく追ってきますからね。

**和田**　なんなら「もう1鞍乗ったろか」くらいやわ。

**佑介**　しかも、難しい馬に乗っているときの和田さん、めっちゃうれしそうやし。心身ともにMなんですかね（笑）。

**和田**　たぶんね（笑）。ひとつでも引き出しを増やしたいし、気性が原因で力が出せない馬は救えると思っているから。そういう馬の場合、勝てるとまでは言えないけれど、担当者には「前走より上に持ってこられる自信はあります。まだ諦めないでください」ってプレゼンするの。生まれ持ったポテンシャルばかりはどうしようもないとして、俺に言わせれば、ポテンシャル不足で結果が出ない馬は意外と少ない。まぁ、なかには「諦めて」としか言えない馬もいるけど（苦笑）。

**佑介**　たいていの馬はどうにかなる、それが和田さんのモチベーションなんですね。

**和田**　馬は一生懸命走っているからね。何とかいいところを引き出してあげたいと思う。そこに楽しみを見出せるかどうかやね。

**佑介**　今日は本当にありがとうございました。終わってみると、すべての話が「ジョッキー・和田竜二は、なぜ年間1000鞍ものレースに全力投球できるのか」につながっていたような気がします。

**和田**　今年はもう無理やけど、〝夏の小倉の24鞍〟さえ乗り切れば、来年も再来年もまだまだ1000鞍乗れるで！

## マジメな話をしたのはこの対談が初めて

普段の和田さんは、口を開けば冗談ばかり（笑）。だから、マジメな話をしたのはこの対談が初めてで、そのぶんすごくおもしろかったです。それも、ずっと取り組んできたことや、そこで見つけた騎乗論、長年たったひとりで担っている宴会部長の裏話まで（笑）、かなり深い話をしてくださって、こういう対談企画をやっていてよかったなぁとあらためて思った回でした。なにしろ和田さんという先輩は、誰にもなにも言わず、コツコツ努力をする先輩ですからね。なかなか本音に迫れる機会はありません。「日本一元気な42歳」は「日本一元気な43歳」となりましたが、相変わらず気力・体力ともに圧倒されっぱなしです。

撮影：榎田ルミ

2016.7／2020.6

# #11 池添謙一 with 佑

## 大舞台で大事なのは〝ハッキリしたレースプラン〟

Kenichi Ikezoe

1979年7月23日生まれ、滋賀県出身。98年にデビュー。同年に38勝を挙げJRA賞最多勝利新人騎手を受賞。02年にアローキャリーに騎乗し、桜花賞を勝利、初のGIタイトルを獲得。11年にはオルフェーヴルに騎乗し皐月賞、日本ダービー、菊花賞の牡馬クラシック三冠を制覇し、史上最年少三冠ジョッキーとなる。16年にはJRA通算1000勝を達成。

JRA通算勝利数（2020年10月5日現在）：1226勝（重賞84勝）

## GⅠはジョッキーの腕に掛かる比率が高い

**佑介** この春（2016年）のGⅠは、8レースに騎乗して連対率50％、複勝率62・5％。GⅠだけの数字ですから、これはもうハンパない（笑）。

**池添** でも、勝てたのはひとつだけだから。今年のメンツだったら、最低ふたつは勝ちたかった。

**佑介** シーズンが始まる前から、「この春は、短距離も中距離も牡馬も牝馬も、いい馬が揃った」と話していましたもんね。

**池添** うん。「大事なシーズンやな」と自分でも思っていたし、周りにもそう言ってた。ひとつ勝てたのは本当にうれしかったけれど、桜花賞は2センチ差やったし……。

**佑介** 天皇賞・春も4センチ差（苦笑）。でも、どのレースもその馬に合ったいい競馬だったと思います。ロードクエストもそうだし、カレンミロティックも〝これしかない！〟っていう競馬だったし。池添さんが取ったポジションは、先行しようと思っていたジョッキーにとって、一番取りたいポジションでしたから。

**池添** 天皇賞・春は佑介（サウンズオブアース）のほうが人気があったし、むしろここは佑介が勝ち負けだと思って、密かに応援してたんやけど。

**佑介**　僕ももちろん、そのつもりで乗りました。でも、3コーナー手前で手応えがあやしくなってしまって……。カレンは2周目の下りの時点で、めっちゃ手応えがよかったですからね。ポジショニングだけが敗因ではないけれど、やっぱりあの位置が欲しかった。

**池添**　確かにキタサンブラックの後ろは息を抜けるし、結果、楽になるからね。でも、あの位置を取れたのは枠順も大きいよ。逃げることも考えていたけれど、スタートがちょっと遅かったし、キタサンも主張してきたから、結果的にあの位置になったのもある。

**佑介**　池添さんは、GIでプランどおりに乗ってくることが多いですよね。僕が乗っていないGIのときは、前の日にレースプランを聞くと教えてくれるじゃないですか。僕の印象では、だいたいそのときに話してくれたプランどおりに乗っているような気がします。前走があぁだったから、今度はこう乗るというような、プランがハッキリしている。大きいレースに向かうときは、大事なことかもしれませんね。

**池添**　うん、そうかもしれない。

**佑介**　ちなみに、皐月賞のロードクエストもプランどおりですか？　外枠（7枠14番）でしたが、内に行こうと決めて乗っているように見えました。

**池添**　オーナーと調教師と3人で話をして、内に行こうと決めていた。あの日はとにかく内がよくて、皐月賞まではほとんどのレースで内の馬がきていたから。でも、あのペース（1000m通過58秒4のハイペース）になったことで、皐月賞だけ外の決着になってしまった。だから、プランどおりに乗れたからといって、いい結果につながるとは限らない。

**佑介**　確かにそうですが、GⅠで思い描いたとおりに乗ること自体が難しいですよ。

**池添**　条件戦でも同じだけどね。むしろ、おまかせが多いGⅠと違って、条件戦は調教師からの指示が多いから、逆に難しい場合もある。

**佑介**　条件戦のほうがいろいろと読みづらいですよね。GⅠともなると、各馬についての情報量が多いから、プラン自体は立てやすい。

**池添**　GⅠは、そこまで勝ち上がってきた強い馬たちのなかで1番を決めるレースやから、ディープインパクトやオルフェーヴルみたいな馬は別として、能力が拮抗しているケースが多い。だから、条件戦の人馬の比率が「馬8騎手2」だとするならば、GⅠでは「馬7騎手3」、下手すれば「馬6騎手4」まで騎手の腕に掛かる比率が上がってくるケースもある。

**佑介**　池添さん、いつも話していますよね。GⅠでは、ジョッキーの腕に掛かる比率が高くなるって。

**池添**　うん。そうなると、〝ブレない〟ことがひとつの武器になってくる。GⅠでは特に、ポジション争いが激しくなるからね。この春はチャンスのある馬を勝たせることができなかったし、騎乗停止もあったしで、反省することのほうが多いよ。ああすればよかった、こうすればよかったという後悔が、常に頭のなかに残っていた。

**佑介** 特に桜花賞と天皇賞・春は、数センチ差ですからね。

**池添** あと0・5秒、仕掛けを待っていれば……とか、あと0・5秒、早く鞭を持ち替えていれば……とか、どうしても考えてしまう。ロードクエストのNHKマイルC2着やショウナンパンドラのヴィクトリアマイル3着のように、あそこまで差が開いてしまうと仕方がないなと思えるところもあるんだけど、桜花賞と天皇賞は、本当に一完歩の差。だからこそ、どうすればよかったんだろうという思いが、ずっと残ってしまうね。

## 「誰よりも自分がうまい」と思って乗ることの大切さ

**佑介** この春もたくさんいい競馬がありましたが、池添さんらしさが出たレースといえば、やっぱり去年（2015年）のジャパンCでしょう。めっちゃおもしろいレースでした。

**池添** ジャパンCは最後まで冷静に乗れたね。天皇賞・秋と同じ枠（7枠15番）が当たって、天皇賞は外を回って負けたから、今度は絶対に内を取っていこうと決めていた。

**佑介** 道中も、みんなが欲しかったポジションを死守しましたよね。

**池添** うん。ラブリーデイの後ろを取れたからね。だから、ゴールドシップが早めに動き出したときも、いっさい慌てることはなかった。直線も、右ステッキを使いながら前を見てたんやけど、(川田)将雅がステッキを右から左に持ち替えた瞬間、俺はステッキを使うことをやめた。

**佑介** ああ、左ステッキだと外に戻ってくる可能性があるから?

**池添** そうそう。まだ並びかけてもいなかったし、そのまま俺が右ステッキを使っていたら進路がふさがる可能性があったから、並ぶまではステッキを使わず、将雅が外に戻ってきたときにすぐに対処できるよう、瞬時にハンドライドに切り替えて。

**佑介** それって、コンマ何秒のあいだの判断ですよね。

**池添** そうだね。あの場面は、熱く追いながらもすごく冷静に乗れたと思う。

**佑介** それだけ集中していたということですよね。オルフェーヴルの有馬記念からショウナンパンドラでジャパンCを勝つまで、GIでチャンスのある馬がちょっと途絶えたじゃないですか。やっぱり、あのジャパンCをきっかけに、流れが変わったところはありますか?

**池添** うん、明らかに流れが変わったよ。俺自身はなにも変わっていないけれど、周りの見る目が変わったように思う。「やっぱり謙一は大きいところを勝つよな」とあらためて思ってくれた人もいたみたい。

**佑介**　その流れからの春、そしてオークスですもんね。ＧⅠでの1番人気もオルフェ以来でしたが、久々に味わう感覚はどうでした？

**池添**　メンバー的に絶対に勝たなければいけないと思ったから、それがプレッシャーでもあったけど、（ゲート後方で枠入り合図を待つ）輪乗りのときに「このプレッシャーの感覚、やっぱりたまらんなぁ」とゾクゾクした。ジョッキーはこの感覚を味わってこそやなぁとあらためて思ったよ。

**佑介**　すごい（笑）。経験を積んでこそたどり着ける境地かも。

**池添**　オルフェーヴルで大きな経験をさせてもらったからね。オルフェで感じた以上のプレッシャーは今後ないと思うし、たとえ凱旋門賞に人気馬で挑戦することがあっても、オルフェで味わった緊張感を超えることはないと思う。

**佑介**　オルフェーヴルとの全コンビのなかで、緊張感でいうとどのレースがピークでした？

**池添**　ダービー以降、ＧⅡも含めて全部。だって、負けたらアカンわけやから。いま振り返ってみても、大阪杯（当時はＧⅡ）の日は1日がすっごく長かったたし、終わったあとの疲労感もＧⅠと一緒やった。

**佑介**　それを乗り越えたんですねぇ。ふつう、ＧⅠで1番人気になるかもしれないときって、緊張していないふりをしたりしてプレッシャーから逃げようとすると思うんですけど、池添さんはむしろ自分を追い込んで、プレッシャーと真っ向からぶつかってきましたよね。オルフェに出会う前からそうだと思います。それを乗り越えてきたというのは本当に大きな武器だと思うし、池添さんが大きいレースで力を発揮できるのもわかる気がします。

**池添**　でも、いまでも未勝利の1番人気でめっちゃ緊張してんで（笑）。確か三冠を獲ったあと、佑介に「未勝利とか500万の1番人気も緊張する」という話をしたら、「あのプレッシャーを乗り越えた人がおかしいでしょ」って言われたよな。あ、それもそうやなと思った覚えがあるわ。

**佑介**　そんなこともありましたね（笑）。以前、メンタルトレーナーのような人に、プレッシャーとの向き合い方について聞いたことがあるんです。いわく、「緊張したなかでの成功例はそれがそのまま自信となって、同じ立場にもう一度立たされたときに乗り越える糧になる」と。その話を聞いたとき、真っ先に池添さんのことが頭に浮かんだんですよ。ああ、池添さんはそうやって強くなったんだなって。

**池添**　ものすごく極端に言えば、「俺、このレースで負けたら終わりや」と思って臨むからね。「負けたらもう二度とこの馬に乗れない」という思いを自分に植えつけて、ひとりでずっとトレーニングルームにこもったりする。

**佑介**　池添さんは、レースに向けての取材でも、ふつうに「負けられない」という言葉を使

計り知れないプレッシャーをはねのけ、三冠の偉業を達成（撮影：榎田ルミ）

いますよね。それは決して取材用のリップサービスではなく、僕たちと話をするときも同じように言う。「負けられない」というひと言は、なにより自分を追い込む言葉だと思うんですが、池添さんは前から口にしますよね。

**池添**　それはもう性格じゃない？　俺はとにかく、誰よりも自分が一番うまいと思ってＧＩに乗る。もちろん、実際は俺よりうまい人なんてたくさんいるかもしれないけれど、そう思って乗らないと馬にも失礼だし、その時点で気持ちで負けていると思うから。あとは〝絶対に負けへん！〟という気持ちを誰よりも強く持って乗っているつもり。それは大事なことかなと思う。

## ラストランの有馬記念「あれもね、仕掛けてないんだよ」

**池添** そういえば、佑介はフランスでオルフェーヴルの調教に乗ってるんだよね。

**佑介** 貴重な経験をさせてもらいました。

**池添** 正直、うらやましかったわ。でも、「どうやった？ めっちゃよかったやろ？」って聞いたら、いまいち佑介の反応が悪くて。調教は何度も乗っていたけど、馬場で追い切ったことはなかったから、その違いなのかなぁと思ったり。

**佑介** 休み明けの1本目の追い切りだったから、ちょっと重かったんですよ。スピードに乗ってからは〝やっぱスゲエな！〟と思いましたが、めっちゃ乗り味がいいとか、よくいう背中が柔らかいとか、そういう印象は受けなかったんです。まぁ、僕はレースでは乗っていないので、オルフェーヴルのほんの一面を見たにすぎないんですが。

**池添** でも、あの背中を経験している日本人ジョッキーは、俺と佑介しかいない。正直、佑介にも乗ってほしくなかったわ（笑）。

**佑介** 当時も池添さんにそう言われた覚えがあります（笑）。とはいえ、やっぱり積んでいるエンジンが違うなとは思いましたよ。とにかく加速力が半端なかった。

**池添**　3歳の後半からは、口で合図を送るだけでビューンと伸びた。

**佑介**　音だけで、ということですか？

**池添**　そうそう。舌を2回鳴らすとスイッチが入る感じ。3歳の有馬記念のとき、3コーナー過ぎから動いていったやろ？　あれは舌の音だけで反応して、ビューンと上がっていった。その時点ではまだ手は動いていなくて、直線に向いて手を動かしたところでもう一段階ギアが入るっていうのかな。そういうふうに動けるように調教から教え込んでいったからね。3歳の春の時点では、そういう反応の仕方はできなかったけど。

**佑介**　確かに3歳の前半は、ドタドタというか、バラバラ走っている感じでしたよね。だから当時は、瞬発力に長けたタイプではないのかなと思って見ていました。

**池添**　うん、秋になってからだね。夏を越したらトモがパンパンになって、舌で合図をするだけで動くようになった。

**佑介**　他の馬と絶対的な能力値が違う場合、1頭だけビューンと上がっていけるのはわかるんです。ただ、それは未勝利とか500万での話であって。みんなが高いレベルで競い合っているGⅠでそれができるということは、1頭だけ次元が違ったとしか言いようがない。最後の有馬記念の圧勝は、もちろん感動もしたんですけど、フランスで乗ったあとだったので、「ああ、オルフェーヴルならこうなるよな」と、どこか納得して見ていましたよ。

**池添** あれもね、仕掛けてないんだよ。みんなの手が動き始めたときも、ずーっと引っ張ったままだったから。合図を送ったのは4コーナーを回り切ってから。

**佑介** そこから一気に突き放しましたもんね。調教とはいえ、あの馬に乗せてもらってから、走る馬に対する基準が変わりました。トップスピードに入っているのに、まだ奥行きがあるというか、そこからもう一段階行けそうな馬がいいのかなって。オルフェーヴルは、すごい勢いで加速しているのに全然しんどくなさそうで、サーッと動いてましたからね。

**池添** まさにエンジンが違う感じだったから。そのぶんこっちは大変だったけど(苦笑)。

**佑介** そういえば、オルフェーヴルって顔が大きいですよね？

**池添** そうそう！ 顔がめっちゃデカかった。真正面から見るといい顔をしてるんだけど、横から見ると明らかに顔がデカい(笑)。

**佑介** ですよね。頭が重くて、そのぶん推進力が半端なくて、顔が大きいんだなと思わせる走り方でしたもん。だから、この馬を抑えるのは大変だろうなぁと思いましたよ。力を抜くところがないから、とにかく耐えるしかないみたいな。

**池添** ゲートのなかで大きく息を吸って、開いた瞬間から息を止めて、あとはひたすら耐えた。いつもいつも腕がパンパンやったわ。

**佑介** オルフェーヴル以降は、走る馬の基準が相当高くなったんじゃないですか？

**池添**　うん。満足できるレベルが必然的に高くなった。オルフェーヴルに出会うまでは、背中が柔らかい馬は全部走ると思っていて、「この馬、来年のダービー馬ですよ」とか、簡単に言っていたけど（笑）。

## 「馬が本気で掛かったら、人間なんて絶対に敵わない」

**佑介**　池添さんの追い込みについて、ちょっと聞いてみたいことがあるんです。池添さんは、直線まで死んだふりをして直線でギュン！　と来るのではなく、道中から少しずつ動かしていきますよね？

**池添**　確かに「行きますよ〜」って、少しずつ合図を出しているかも。

**佑介**　僕にとって追い込み馬は、道中はスイッチを入れないように運んで、直線でパン！と爆発させるイメージなんですが、池添さんはコーナーからずっと準備をしていて、パン！と弾けさせるというより、ジワジワ上がってきてグーンと伸びてくる馬が多いなと思って見ていました。

**池添**　そういう競馬をするときは、反応がそこまで鋭くない馬のときじゃないかな。たとえば、ロードクエストは少しの合図でガン！　とスイッチが入るタイプだから、ＮＨＫマイルCの道中はまったく動いていないと思う。デュランダルの場合は、動かしながらじゃないと前についていけへんかったからね（苦笑）。だから、「もうそろそろやから、準備を始めてねー」という合図を、早い段階で送るようにしていた。

**佑介** なるほど。考え方として、そういう反応が悪い馬に騎乗した場合、僕だったら追い込もうとは思いません。おそらく、少しでも前に行こうとすると思います。でも、池添さんは、デュランダルに限らずそうではない。なにが正しいとかそういうことではなく、あくまで自分とは違うから、〝池添さんの追い込みは独特やなぁ〟と思って、いつも見てるんです。

**池添** そう言われると、そうなんかなぁと思うけど、自分では意識していなかった。それにしても、佑介はホンマによう見てるなぁ。しかも、見ているだけではなく、自分なりにちゃんと分析している。

**佑介** 全員を同じ熱量で見ているわけではないですよ。ただ、この人は〝なにか〟を持ってるな……と思う人については、じっくりと見ています。当然ですが、見ているだけではわからないことばかりで、いつも見ながら〝なんでかな？〟と思っていますけどね。あと、僕だったら強めに引っ張ってしまうかもという場面でも、池添さんはギリギリまで我慢していますよね。筋力もそうですが、耐え切るだけの精神力があるんだろうなと思っていました。

**池添** 掛かるということでいえば、馬が本気で掛かったら、人間なんてなにをしようが絶対に敵わない。だから、本気で掛かるまでに、掛からせないようにするのが技術だと思う。そのためには、ある程度の筋力は必要やし、やるべきことはやっているつもり。あと、多少掛かっていたとして、周りにはそう見せないことも技術のひとつじゃないかな。

**佑介**　結局、我慢させることができていれば、多少噛んでいたところで、掛かってはいないんですよね。池添さんは、そのレンジが広い。とにかく耐え切る。

**池添**　レース前に「この馬、引っ掛かるから」と言われても、〝俺が乗れば大丈夫やろ〟と思うこともあるよ。もしそれで引っ掛かったら、「すみませんでした！」ってなるけど（笑）。

**佑介**　あのオルフェーヴルのパワーを耐え切ったわけですからね。「俺なら大丈夫」という自信がつくのもわかります。あの馬、絶対に1馬力じゃないですもん。

**池添**　阪神大賞典※では、思いっ切り掛かったけどな……（苦笑）。あのレースは、ゲートから出していったから余計やった。あれはめっちゃ掛かったねぇ。最初の4コーナーの時点ですでに腕がパンパンだったし、レース後は腕がまったく上がらなかった。

**佑介**　あの阪神大賞典は、池添さんからすれば思い出したくもないレースでしょうけど、競馬番組以外でも取り上げられたくらいの衝撃でしたからね。ちなみに、掛からない馬についての技術は、なにを重要視していますか？

**池添**　それはもうスタートでしょう。でも、俺はスタートがあんまり得意じゃない。2年目

※2012年の阪神大賞典でオルフェーヴルは2周目向正面で先頭に立つが3コーナーを曲がれず逸走。失速して最後方2番手になったが、驚異的な追い上げを見せて半馬身差の2着まで巻き返した。

にゲートでつまずいて落馬したんだけれど、そのときに馬に蹴られて眼底骨折したんだよ。それでゲートがすごく怖くなってしまって。だから、つまずいても落ちないように、重心をちょっと後ろに残しているから、遅れてしまうことが多いんだよね。そこは自分の課題だと思っているし、直していきたいと思ってる。18年も前の出来事なのにね。

**佑介** そういう恐怖は染みつきますからね。僕も一時期、スタートがひどい時期がありました。まず、前を向かせることができなくて、ちょっと動いただけでガッと持ってしまったり。ちょうど成績が落ちた時期でしたが、あのときはめっちゃ出遅れてました。だから、僕もいま一番気をつけているのはゲートです。最近の競馬の傾向として、ゲートが悪いのは明らかに不利ですから。

**池添** 佑介も落馬やケガのトラウマ？

**佑介** そうです。池添さんと同じです。いまはそうでもないですけど、当時はどうしてもゲートで硬くなってしまって。そういうのって、確実に馬に伝わりますよね。

**池添** そうだね。いまの競馬はホンマにスタートが大事で、スタートがうまい騎手は本当にうまい。

**佑介** (武)豊さんと(福永)祐一さんが二枚看板ですよね。祐一さんを見ていると、絶対に出遅れないと思って乗っているのがわかります。スタートがいいと、レースの組み立てが圧倒的に楽になりますからね。

**池添**　それもあるし、スタートが決まると冷静になれる。その時点でひとつ有利。

**佑介**　確かにそうですね。騎乗スタイルでいうと、池添さんの乗り方は決して派手ではないけれど、ものすごくしんどいはずですよ。体を極限まで畳んで乗っていますからね。最近、またひとつ騎座が深くなっていませんか？

**池添**　うん、そうかもしれない。下半身に関しては、足を広げる必要もないし、いまのこのスタイルでいいかなと思うようになってきた。トレーナーと話し合ってやってきたトレーニングが、ここにきて生きてきたのかもしれない。

**佑介**　一時期、ズブい馬を追ってくるときに、ゴール前でバラバラになったり、とかありましたよね？

**池添**　ああ、あったかも。

**佑介**　いまの池添さんは、馬が動いていてもいなくても、ひたすら同じスタイルで追ってくるから、最近のゴール前の写真はすべてカッコいいです。決して派手ではないけれど、腰がグッと深く入っている感じがします。

**池添**　4、5年前、派手なアクションで追ってくるほうが馬が伸びるという風潮になったけど、最近は、そうではないということにみんな気づいてきたのかなと思う。

**佑介** 体を動かしていないからといって、押していないわけではないですもんね。

**池添** そうそう。パッと見ではわからへんところで、いろいろやっているからね。もちろん、騎乗スタイルに正解はない。ただ、俺には俺の理想があるし、こだわりもある。だから俺はブレずにやってきたし、これからもブレない自信があるよ。

## 「佑介がGIを勝つのをずっと待ってる。早く泣かせてくれよ」

**――今回の対談でも〝背中が柔らかい〟という表現が何度か出てきましたが、背中が柔らかい馬と硬い馬は、実際に跨ったときにどういった違いがあるのですか？**

**佑介** 柔らかい馬は、乗ったときに「ほわん、ほわん、ほわん」という柔らかい反動が背中から伝わってきます。

**池添** そうそう。硬い馬は「ドン、ドン、ドン」という感じで、反動がお尻にダイレクトに返ってくる感じ。

**佑介** 池添さんは、柔らかい馬が好きだとおっしゃってましたけど、僕は少し硬さのある馬が好きなんです。動きは柔らかいんだけど、走らせるとちょっと硬いというような。硬いということは、動きに幅がないから反応が速い。決して嫌な硬さではなくて、ネジがしっかり締まっている感じっていうんですかね。

**池添**　なるほど。実際に乗った馬ではどの馬？　たとえばスーパーホーネットとか。

**佑介**　あの馬はまさにそうです。でも、4歳のマイルCS（07年2着）くらいまでは、めっちゃ柔らかかったんですよ。それが年を取るにつれてだんだんと硬さが出てきて、硬さが増すにつれ、キレ味も増したんです。

**池添**　ネジが締まっていったわけだ。佑介、あの馬ではいい経験したよなぁ。矢作先生の「最後まで佑介で」っていう気持ちも揺るぎなかったし。だから余計に悔しいよな。俺としては、2回目のマイルCS（08年2着）は獲ってほしかった……。

**佑介**　僕もあのレースはなんとかしたかったです。この前、あらためてレースを見返してみたんですよ。〝どう乗っても勝てる！〟くらいに自信があったし、馬の力を信じて乗ったという点では後悔はないんです。レース自体も決して悪くはなかったと思うのですが、あらためてレースを見て、もっとリスクを負ってでも勝つためにやれることがあったんじゃないかと思いました。

**池添**　でも、スーパーホーネットでの経験があるのとないのでは全然違う。経験は本当に大事だから。佑介が獲るべきは、あとはもうＧⅠタイトルだけだな。

**佑介**　そうですねぇ。重賞を20勝以上勝っているジョッキーで、ＧⅠを勝っていないのは僕だけらしいです（苦笑）。

**池添** 大丈夫。GⅠをひとつ勝つと、目に映る景色がガラッと変わってくるから。いまは乗り替わりも多い時代だけれど、チャンスのある馬にめぐり合ったら、〝絶対に離さへんぞ！〟という強い気持ちも必要だと思うよ。結果はどうあれ、そういう気持ちを直接関係者に伝えることが重要だと思う。

**佑介** 伝えるようにはしているんですが、なかなか……。そこで納得してもらえるジョッキーにならないとダメですよね。幸い〝GⅠを勝つジョッキーの戦い方〟を近くで何度も見せてもらってきたので、なんとかしてその経験を生かしたいです。

**池添** 俺、佑介と啓ちゃん（太宰騎手）がGⅠを勝ったら、絶対に泣く自信がある（笑）。ずーっと待ってるんやから、早く泣かせてくれよ。

## 【祝！　安田記念優勝】再対談（2020年6月）グランアレグリアとうれし過ぎる勝利も……〝GⅠでこんなことある⁉〟

**佑介** 安田記念※（2020年・グランアレグリア）優勝、おめでとうございます！　まずは



※アーモンド・アイが圧倒的人気（単勝最終オッズ1.3倍）だった。池添騎手は3番人気のグランアレグリアに騎乗し、2着アーモンドアイに2馬身半差をつけ圧勝した。

率直な感想から言わせてください……シビれました！

**池添**　ありがとう。俺もシビれたわ。

**佑介**　高松宮記念は、すごく惜しい2着だったじゃないですか。能力の高い馬ですから、池添さんとしてもチャンスだと感じていたと思うんです。そんななかで、けっこう苦しいところから能力で伸びてきたという競馬になったので、すごく悔しそうでしたよね。レース後の池添さんを見て、「あそこであああしていれば……」とか考えているように見えたので、次はどういうふうに乗るんだろうと注目していたんですよ。

**池添**　高松宮記念は悔しかったねぇ。直線に向いてからタワーオブロンドンにちょっと振られたところがあって、そのぶんの差だったから。初めてのスプリント戦で戸惑っていた部分もあったけど、能力は見せてくれたし、俺自身、結果を出さなくちゃいけない馬だと思っていたしね。

**佑介**　安田記念は、〝アーモンドアイの1強〟の構図でしたが、高松宮記念のパフォーマンスを考えたら、ひょっとするかも……という気はしていました。

**池添**　俺もね、（高松宮記念で）あれだけの脚を使えることがわかったので、それほど引けは取らへんちゃうかなとは思ってた。あと、安田記念では、返し馬がすごくよくて。高松宮記念のときより、全然よかったの。ヴィクトリアマイルは使えなかったけれど、厩舎のスタッフや（杉原）誠人に聞いたら、安田記念に目標を切り替えてからはすごく調整が順調だったんだって。そういう話も聞いていたし、これなら自信を持って乗っていけるなって返し馬の時点で思った。

**佑介** 高松宮記念の前までは、けっこう掛かりそうな馬だなというイメージだったんですが、前回も今回も、道中はけっこう促しながら乗っていましたよね。

**池添** そうそう。もっと行きたがるのかなと思っていたけど、高松宮記念でそうでもないことがわかって、これならマイルでも自分のなかでコントロールできるなと。

**佑介** それがあの前半のポジショニングにつながったんですね。やっぱり、一度乗っているというアドバンテージは大きい。

**池添** めちゃくちゃ大きかったよ。一度乗っているからこそ、攻めていけたからね。道中も、自分がイメージしていた馬たちが前に行って、ちょうど1頭でポツンと走れて。

**佑介** めちゃくちゃストレスがない位置取りでしたよね。

**池添** そう、完全にストレスフリー。ホントにリラックスして走っていたし、めちゃくちゃいいリズムでベストな場所を取れたなと思っていた。で、3コーナー……芝の塊が（苦笑）。

**佑介** あれは……。大変でしたね。

**池添** もうホントにヤバかった。3コーナーに入った瞬間やったから、キックバック※が見

※馬が走る際に芝や土が後方に跳ね上げられること。

えへんくて。まったく見えへんところから飛んできた。

**佑介**　東京の3コーナーは、けっこう飛んでくるんですよね。

**池添**　いきなりバコーン！　ときて、一瞬なにが飛んできたのかわからなかった。でね、漫画みたいにチラチラチラチラ星が見えて。「ホンマに漫画みたいになるんや！」と思ったもん（笑）。バコーン！　ときた瞬間は、一瞬意識が飛んだからね。

**佑介**　怖ッ！

**池添**　怖いやろ？　まぁすぐに戻ったんやけど、涙で視界がブワーッとぼやけて、右目はなんにも見えない状態やった。「うわッ、どうしよ……」と不安になったけれど、いいポジションにいたし、あとは仕掛けだけ間違わんように集中しなければと切り替えた。アーモンドアイを見て追い出すとか、アーモンドアイありきの競馬ではなくて、グランアレグリアのタイミングでスパートしたいと思っていたからね。だから、アーモンドアイより絶対に前で競馬したかった。理想の形になっているところにケイアイノーテックが早めに外から来たわけだけど、蓋をされるのは嫌だなと思っていたら、逆にグランアレグリアからハミを取って、スッと反応してくれた。最初はアーモンドアイが上がってきたのかと思ったけどね。

**佑介**　そうでしょうね。

**池添**　うん。で、パッと横を見たんだけど、右目が全然見えていなかったから、結局どの馬が来たのかわからなかった。ただ、4コーナーを回り切ったあたりで一瞬いなくなったから、「ああ、アーモンドアイじゃないな」と思って。直線は、いつもだったら後ろとの差をターフビジョンで確認したりするんやけど、もう右目は見えてへんし、とにかく無我夢中やったわ。

**佑介**　アーモンドアイは、絶対に伸びてきますからね。

**池添**　そう、絶対に来ると思っていたから、最後まで必死に追っていたよ。

## 名手が感嘆、「謙一はホントに代打強いな……」

**佑介**　見ている僕らとしては、3コーナーで芝の塊を食らっているなんて思いもせずに、「なんか血ぃ出てない？」ってみんな言っていて。でも、GIですから、そんなのどうでもいいくらいうれしいわけじゃないですか。実際、いい仕事ができたという充実感がインタビューからすごく伝わってきました。見ている人に、ジョッキーという仕事の素晴らしさが伝わったんじゃないかなと思えるインタビューでしたよ。

**池添**　佑介に「好感度が上がりましたよ」って言われたよな（笑）。そんなつもりはなかったのに「すごくよかった」と言われたから、勝ったときは毎回、自分の顔を殴っとかなアカンなと思ったわ（笑）。でも、佑介の言うとおり、あんなケガなんてどうでもいいくらいうれしかった。アーモンドアイだけではなく、本当にいいメンバーだったから。

**佑介**　すごいメンバーでしたよね。インディチャンプ（３着・福永騎手）もマイルでは相当なレベルにある馬ですし、アーモンドアイは、そのインディチャンプを差したわけで、負けたとはいえ、しっかり脚を使っていたと思うんです。グランアレグリアは、その馬たちを２馬身半も突き放したわけですから、本当に強かった。

**池添**　うん。あの１戦で、グランアレグリアの価値は本当に上がったと思う。

**佑介**　池添さんは、能力があって、傍目には乗り難しく見えるような馬を任されたときの……なんていうのかな、〝結果の出しっぷり〟がスゴイ。

**池添**　そのあたりは健在でしょ？（笑）

**佑介**　安田記念は、（武）豊さんの近くで見ていたんですよ。豊さんと一緒にＧⅠを見る機会なんてなかなかないから、あえて豊さんのそばまで行って。そうしたらレース後、「謙一はホンマに代打強いな……」ってボソッと言ってました（笑）。

**池添**　それって褒めてくれてるの？

**佑介**　そうだと思いますよ。もうひとつ、「トータルの勝ち鞍とＧⅠの勝ち鞍が見合ってないな」とも言っていましたけど（笑）。

**池添**　ホンマやな。自分でもそう思うし、よう言われるわ（苦笑）。

## 〝やっぱりGⅠは乗らなアカン！〟大舞台に強い男のブレない信念

**佑介**　最近は、関東馬でのGⅠ騎乗が増えて、きっちり結果を出していますよね。池添さんには、みんなそういうイメージを持っていると思います。なにしろ、毎年のようにGⅠを勝っていますし。

**池添**　そうだね。2014年以外は勝ってるかな。やっぱりGⅠは、毎年勝ちたいと思って乗っているから。

**佑介**　僕だってそう思って乗ってますけど……、勝てないですよ（苦笑）。池添さんは、たとえ勝てるチャンスがちょっと薄いかなと思う馬でも、勝てるポジションにいる。やっぱりそういうところが違うのかな。

**池添**　そこは経験が大きいと思うよ。

**佑介**　しかも最近のGⅠでは、集中はしているけれど、昔ほどピリピリしてないですよね。

**池添**　あ、ピリピリはしなくなったかも。なんていうのかな、集中するべきときに、ガツンとそのモードに入ってる感じかも。

**佑介**　以前ほどピリピリしなくなった反面、気持ちを入れるべきところではガツンと集中できる。そのバランスがすごくうまく取れているような気がして、うらやましいです。

**池添**　そうやなぁ。自分をとことん追い込むような入り方はしなくなったかもしれへんな。

**佑介**　円熟味ってヤツですねぇ。

**池添**　安田記念でいえば、グリグリのアーモンドアイがいたというのもあるかもね。

**佑介**　グリグリといえば、（松山）弘平がデアリングタクトでオークスを勝ったとき、「あれだけグリグリの馬で勝ったことがすごい」と言っていましたよね。たくさんＧⅠを勝っている人ほど、大本命でＧⅠを勝つことの大変さを実感してるんやろうなぁと思って聞いていました。

**池添**　だって、グリグリの１番人気が絶対に勝てるわけではないからね。それにしても、今年の弘平はいいよね。馬のめぐりもいいし、重賞もポンポンと勝って、なによりデアリングタクトに出会った。この馬での経験は、この先めっちゃ生きてくると思う。だから、デアリングタクトは本当に大事にしたほうがいい。

**佑介**　そういえばオークスを見ているとき、１コーナーの入りとか、けっこうみんな「大丈夫か⁉」っていう感じだったじゃないですか。「あれはヤバイな」という声が多いなか、池添さんだけはずっと「大丈夫、大丈夫」と言っていましたよね。

**池添** だって桜花賞強かったやん！ 弘平が馬を信じていれば、絶対に大丈夫だと思った。
**佑介** 池添さんがすごいのは、やっぱりそういうところなんやなと思って聞いていましたよ。僕も含めて、みんなけっこう心配そうに見ていましたから。弘平も本当にすごいですよね。
**池添** GⅠはアルアインの皐月賞以降勝っていなかったけれど、今年はこうやって勝ちだして、リズムも本当にいいからね。
**佑介** 池添さんと弘平に共通しているのは、平場のレースに乗っているときは、少しでも前に行こうとポジションを主張してくるタイプなのに、GⅠになると無駄な動きをせずに、きっちりと構えてくること。いざ流れが来たときに取りこぼさず、決め切ることができる人は、やっぱりそのあたりが共通しているなと思いました。
**池添** うん。そうかもしれない。
**佑介** 僕の場合、まずはGⅠに乗らないことには、なにも始まりませんけどね。
**池添** そう！ まずはGⅠに乗ること！
**佑介** 池添さん、そこは昔から一貫していますね。
**池添** そうやね。たとえその1頭でも乗りに行くし、その馬が有力馬じゃなかったとしても、GⅠは絶対に乗りに行く。
**佑介** そのへんがあれですか？ 年間の勝ち鞍が平均的に上がらない理由というか……（笑）。

**池添**　それはあるねぇ（笑）。だって、その日に乗る馬が1頭でも行くんだもん。でもね、GⅠをひとつ乗るだけで、自分のなかに吸収できることがたくさんあるんだよ。やっぱりGⅠは乗らなアカン。俺はこれからもこのスタイルを貫いていくよ。

**佑介**　僕は勝ち負けどころか、今年の春はあまりGⅠに乗れなくて。リーディングの上のほうにいれば、GⅠでも声をかけてもらいやすいはずだと思って年明けの小倉に行ったんですけど……。

**池添**　そう言っていたのに、あんまりGⅠに乗ってへんなと思っていたよ。

**佑介**　作戦は失敗に終わりました（苦笑）。

**池添**　でも、今年はよう勝ってるやん。このまま行けば、キャリアハイを狙えるんじゃない？

**佑介**　いまのペースで行ければそうですね。実際、リーディングの順位もいいですし、狙いどおりだったはずなんです。でも、蓋を開けてみれば、春のGⅠは2つしか乗ってない（苦笑）。

**池添**　そこやな（笑）。

**佑介**　難しいですねぇ。勝ち鞍の数も大事だけど、それ以上に中身というか、依頼をする側も「大きいレースは大きいレース」として見ているんですよね。

**池添**　そうかもな。俺の場合、そのパターンで声を掛けてもらうケースがけっこうあると思う。「GⅠだったら池添」みたいな感じでね。

**佑介**　池添さんは、常に勝ちを意識して、勝てるポジションが取れて、実際に勝ち切れるジョッキーですから。僕もGⅠに乗りたいんですけどねぇ。
**池添**　秋に向けてどうするかやな。
**佑介**　そうですね。今年は短期免許で来日する外国人ジョッキーも少ないでしょうし。
**池添**　ああ、新型コロナの問題があるからね。それを踏まえて、夏競馬でいい馬に出会って、その馬と一緒にGⅠに挑戦していくのが理想やな。

## ふたりが感じた「期待馬に乗り続けることの難しさ」

**佑介**　僕、去年はけっこういい2歳との出会いがあって、実際に牝馬は新馬戦で乗せてもらった馬が2頭クラシックに出たんです（ミヤマザクラ、クラヴァシュドール）。牡馬で期待していた馬はケガをしてしまったんですが（グランデマーレ）、一緒に走っていた馬がクラシックに出ていたので、どちらも理想に近いところまでいったなという感覚があって。ただ、やっぱり乗り続けられなかったんですよね。
**池添**　俺もそうだよ。オーソリティとダーリントンホールで北海道の新馬戦を勝ったとき、「この2頭はクラシックに乗ってくるな」と思っていたら、ホンマにクラシックまで駒を進めた。

でも、俺は乗ってなかったやん（笑）。
もちろん、だからこそヴェルトライゼンデと出会えたというのはあるけど、それ以前にオーソリティとダーリントンホールにも乗りたいなと思っていたから、乗り続けることの難しさは、俺も同じように感じた。

**佑介**　どうしたらいいいんだろう……と考えることもありますけど、結局、結果を出すしかないんですよね。

**池添**　そう。ちゃんと勝たなアカンということや。ケイアイノーテックでＮＨＫマイルＣを勝ったのって2年前？

**佑介**　そうです。ふたつ目が遠いです……。

**池添**　早くふたつ目を勝ちたいよなぁ。

**佑介**　勝ちたいです。やっぱり、有力視されているなかで勝たないと、ホンマの意味で「ＧⅠを勝つジョッキー」というイメージにはならないですよね。

**池添**　1番人気でっていうことやな。

**佑介**　そうですね。そこでＧⅠで勝ちを意識できる馬の依頼が来るかどうかが分かれてくると思うんです。それが難しいとなると、やっぱり自分が最初から乗せてもらっている馬で向かうのが最短の道かと思うんですよね。

**池添** そうやな。結果を出し続けて、その馬でGIまで行くしかない。

**佑介** (松山)弘平も、GIの依頼順では2番手、3番手だったけれど、デアリングタクトで一気にイメージが変わったじゃないですか。ああいうチャンスをしっかりモノにしたのは本当にすごいなと思うし、あらためて自分にはそこが足りないというか、そういうチャンスにめぐり合いたい、めぐり合えるジョッキーにならなくてはと思いました。

**池添** まだ勝っていないときとは違う意味で、GIへの思いが強くなっている感じやな。

**佑介** はい。いまはそのために頑張っています。すごく明確です。

**池添** いいねぇ。目的を明確にすることは、すごく大事だと思う。

**佑介** だからなのか、あまり一喜一憂しなくなりましたね。勝った負けたとか、短期的に成績がいいとか悪いとかではなく、結局その1頭、その1戦が、最後にそこ(GI)につながるかどうかが、いまは大事だと思っています。でもねぇ、それが本当に難しくて。

**池添** 難しいけど、佑介なら獲れるよ。考えないというより、考えられない人が多いなか、佑介はちゃんと考えている。佑介なら大丈夫!

# いつもパワーをもらっています

池添さんには、昔から本当にお世話になっていて、思えば豊さんに話しかけるきっかけをつくってくれたのも池添さんでした。池添さんがくれる「佑介はもっとやれるはず。頑張れ!」という言葉には、いつもパワーをもらっています。ご存じのとおり、大舞台に強いジョッキーとしてその地位を確立し、この春の安田記念でも、その真骨頂ともいうべき鮮やかな騎乗を見せてくれました。同じジョッキーながら本当にシビれましたし、「自分もああいう仕事がしたい」と気持ちを奮い立たせてくれる1戦でした。僕がGⅠにあまり乗っていないと「なにやってんねん!」と発破をかけてくれる池添さん。刺激をもらいながら、これからも勉強させていただきます!

# おわりに

『ジョッキー×ジョッキー　トップ騎手11人と本気で語る競馬の話』に最後までおつき合いいただき、ありがとうございました。楽しんでいただけたでしょうか？

書籍化の話をいただいた際は、正直「どれだけの人が手に取って読んでくれるのだろう」と、不安な気持ちでいっぱいでした。同時に、この対談企画を始めた当初からの目標である、「ひとりでも多くの人に、競馬の魅力をもっともっと伝えたい」という思いが書籍としてひとつの形になる、といううれしさもありました。

僕たちジョッキーは、普段から幾度となく同じレースに騎乗し、いつもコミュニケーションを取っていますが、意外なほどにそれぞれの考えや騎乗論について語り合うことはありません。もちろん、レースでは常にお互いがライバル。手の内や考えを明かしたくないと思うのは当然のことです。そんななか、僕の思いに共感し、非常に興味深い話を聞かせてくださったジョッキーのみなさんには、本当に感謝しています。

本書に登場した11名のジョッキーのほかにも、多くのホースマンから対談を通じてさまざまな思いを聞き、僕自身、また競馬を好きになりました。そして、もっともっとたくさんのホースマンから話を聞いてみたい。そう思うようになりました。

あらためてになりますが、僕との対談のために時間を割き、貴重な経験談や思いを聞かせてくださったホースマンのみなさんに、この場を借りて感謝の気持ちを伝えたいです。本当にありがとうございました。

僕には、常に胸に秘めている大きな目標があります。

それは、「競馬を通じて、ひとりでも多くの人と1頭でも多くの馬を幸せにしたい」ということ。壮大な目標ではありますが、これがキャリアのなかで見つけた「僕がジョッキーを続けている意味」でもあります。

僕は幼少期から馬が大好きで、とにかく馬に関わる仕事に就きたいと考えていました。最初から騎手という仕事に特別なこだわりがあったわけではなく、「運よくなれてしまった」というのが正直なところで、もし騎手としてうまくいかなかったとしても、立場を変えて大好きな馬に携われればそれでいい。初めはそんな気持ちでいました。

「そんな甘い考えで……」と思われるかもしれませんが、初めは本当にそうだったのです。けれど、いまは違います。誰よりも騎手という仕事に魅力を感じていますし、騎手でいられること、騎手として仕事をさせてもらっていることに日々幸せを感じています。

競走馬は、たくさんの人の思いを背負い、決して大げさではなく、本当に命を賭してレースに臨んでいます。そんな彼らの頑張りに精一杯の騎乗で応えるのはもちろんのこと、その走る姿や着順という結果により、ひとりでも多くの人に幸せをもたらすことができたら——。そんな思いが僕のモチベーションのひとつであり、馬に携わる仕事をさせてもらっている〝ホースマン〟としての大事な使命だと僕は考えます。

この大きな目標を実現させるため、ジョッキーとして、ホースマンとして、これからも競馬の魅力を多くの人に伝えながら、大好きな馬とともに走り続けていきたいと思っています。

ＪＲＡジョッキー　藤岡佑介

本書掲載の対談は競馬情報サイトnetkeiba.comにて2016年4月より
連載中のコラム「競馬×対談 with佑」から厳選し、加筆・再構成したものです。

本書内の騎手勝利数などのデータは
2020年10月5日現在のJRAホームページの記載にもとづいています。

# ジョッキー×ジョッキー
## トップ騎手《きしゅ》11人《にん》と本気《ほんき》で語《かた》る競馬《けいば》の話《はなし》

2020年11月16日　第1刷発行
2020年12月21日　第2刷発行

著者　藤岡佑介《ふじおかゆうすけ》
協力　netkeiba.com
本文構成　不破由妃子、仲野麻子
写真　榎田ルミ、桂伸也、下野雄規、高橋正和、山中博喜（50音順）

ブックデザイン　金井久幸＋髙橋美緒［TwoThree］
校正校閲　坂田いずみ
編集協力　高見澤秀（マイストリート）
本文DTP　臼田彩穂
編集　矢作奎太
発行人　北畠夏影
発行所　株式会社イースト・プレス
〒101-0051
東京都千代田区神田神保町2-4-7久月神田ビル
Tel. 03-5213-4700　Fax 03-5213-4701
https://www.eastpress.co.jp
印刷所　中央精版印刷株式会社


ISBN 978-4-7816-1934-7